DIE QUELLEN DES LEBENS

RAPHAEL

DIE QUELLEN DES LEBENS

*Fragen und Antworten
auf dem Weg zu Ewiger Glückseligkeit*

CONTEXT VERLAG

Kann das Licht das Licht haben wollen,
wenn es selber Licht ist?
Kann die Erkenntnis die Erkenntnis haben wollen,
wenn sie selber Erkenntnis ist?
Kann das Leben das Leben haben wollen,
wenn es selber Leben ist?
Kann die Liebe die Liebe haben wollen,
wenn sie selber Liebe ist?

VORWORT

Bei der Lektüre dieses Buches werden dem geschätzten Leser mit großer Wahrscheinlichkeit ungewöhnliche, durch Gedankenstrich verbundene Worte – Substantive wie Adjektive – ins Auge fallen. Raphael verwendet diese Wortverbindungen ganz bewußt, um die Beziehung der jeweils miteinander verbundenen Begriffe zueinander hervorzuheben. Dabei kann es sich um eine Identität der Begriffe handeln, wie zum Beispiel bei Liebe-Schönheit, oder um eine Polarität wie bei Anziehung-Abstoßung. Beide Formen der Beziehung weisen darauf hin, daß sie letztendlich eine Einheit sind.

Gruppo Kevala

EINFÜHRUNG

Jedes Werk von Raphael stellt eine Kostbarkeit dar, weil es als ein wichtiges Instrument und wirkungsvoller Kanal vielen Menschen eine Stimme übermittelt, die – vor allem hier im Westen – große Hilfe leisten kann; sie würde verlorengehen, wenn uns Der Autor in seinen Schriften nicht das gäbe, was er selbst im Leben erfahren und verwirklicht hat.

Der erste Teil des Buches *Die Quellen des Lebens* besteht aus einem Dialog zwischen einer Gruppe von Menschen, die auf der Suche sind, und Raphael. Üblicherweise wollen dort, wo Fragen auftauchen, Lücken gefüllt, Unwissenheiten beseitigt oder Zweifel aufgelöst werden, um die Eine Wahrheit zu enthüllen. Da »alles in uns enthalten ist« (Raphael), kann auch Die Wahrheit in den Tiefen unseres Wesens gefunden werden. Von dieser Tatsache ausgehend beantwortet Der Autor die ihm gestellten Fragen mit immer neuen Fragen. Dadurch wird der Fragesteller – mit einer Kunstfertigkeit, die an die sokratische Mäeutik[1] (Anm., s. S. 181) erinnert – zu einer Rückwärtsbewegung angeregt, die bewirkt, daß er immer tiefer in sich selbst eindringt, bis er das, was er suchte, in sich selbst entdeckt.

Offensichtlich handelt es sich dabei um dieselben Fragen und Antworten, die sich Raphael in früheren Zeiten selbst gestellt hat und die seine Untersuchung bestimmt haben. Obwohl er seine Suche längst abschlossen hat, hallt das Echo jener mühseligen spirituellen Arbeit, die ihn zu den östlichen Lehren – zum *Advaita Vedânta* und *Asparsha Yoga* (Glossar, s. S. 173) – geführt hat, immer noch aus seinen eindringlichen Worten.

Betrachten wir nun die Thematik des Buches, das in seiner Hinführung an die »Quellen des Lebens« den psychischen und geistigen Zustand des Menschen beschreibt, seine Ideale, Verirrungen und Schwächen herausstellt und die Konflikte und das Leid hervorhebt, indem er ihre Ursachen erforscht. Gleichzeitig bietet er uns eine Untersuchung der Letzten Wirklichkeit und ihrer Beziehung zum Menschen. Diese tiefgründige und ausführliche Analyse eröffnet unvermutet neue Horizonte. Der Diskurs verläuft in ungeahnte Richtungen und erreicht unberührte Gipfel. Schon zu Beginn zeichnet sich die Anschauung des Verstehens ab, welches Liebe ist. Es handelt sich nicht um die Liebe, die als ein egoistisches »do ut des« verstanden wird, sondern um jene, die seit dem Tod Jesu nie mehr in den Herzen der Menschen gekeimt ist. Es geht um jene Liebe, die alles und immer gibt, ohne irgend etwas zu fordern, jene Liebe, die »begierdelose Freude« ist und die perfekte Vereinigung von Objekt und Subjekt erlangen kann. Ja, die Wahre Liebe muß geben! Aber was kann man geben, wenn die Hände leer sind, das Herz gefühllos ist und *avidyâ* im Kopf herrscht? Wir müssen also zuerst einmal versuchen, uns zu bereichern, indem wir die wahren Werte des Lebens wiederentdecken, und uns umzuwandeln, um Die Liebe verwirklichen zu können. Und dann, aber nur dann, wenn wir diesen Reichtum wiedererlangt haben, werden wir geben können.

Für eine Umformung müssen wir uns erforschen, verstehen und unsere Feinde kennenlernen, damit wir sie besiegen können. Oftmals verkennen wir unsere Feinde und konzentrieren uns bei der Beurteilung unserer Irrtümer auf das Objekt anstatt auf unsere Reaktion darauf. Diese Tatsache bringt uns weit voran und kann unvorhersehbare Konsequenzen für die Gesellschaft und die Art, unsere Existenz zu gestalten, herbeiführen. In der Tat schieben wir einen großen Teil unserer Ängste auf den technischen Aspekt der menschlichen Aktivität. Daraus resultiert ein Konsumverhalten, das uns in einen Strudel voller Bedürfnisse zieht und uns zu einem irrwitzigen Lebensrhythmus zwingt, der Entfremdungen und Neurosen verursacht. Wenn wir, anstatt den Fortschritt zu verdammen, prüfen würden, wie wir auf seine Auswirkungen reagieren, könnten wir feststellen, daß der Mensch die Freiheit hat, sie entweder mit Gleichmut oder aber mit Anteilnahme anzunehmen. Im ersten Fall wird er seinen inneren Frieden behalten; im zweiten aber wird er sich zu einer atemlosen Jagd getrieben fühlen, die Produkte des Fortschritts zu erwerben. Lassen wir der Wissenschaft und Intelligenz des Menschen also ihren Lauf und kümmern wir uns vor allem darum, unsere Reaktionen ins Gleichgewicht zu bringen. So können wir, die wir Kinder des Begehrens sind (S. 43), einen vollkommen neuen Bewußtseinsstandpunkt einnehmen, der auch einem Großteil unserer Wünsche gegenüber seinen rechten Platz belegt. Tatsächlich werden wir von Begierden jeder Art und Größe beeinflußt, die unsere Energien lenken und uns an Konflikt, Leid und Unvollkommenheit fesseln.

Das Problem des Begehrens wurde schon in allen Philosophien behandelt. Raphael bietet mit Kraft, Klarheit und vor allem mit dem Ziel, sich zu verwirklichen, eine Lösung an. Dabei weist er auf den Zustand Des Befreiten hin. Der Befreite steht nämlich außerhalb von Zuneigung und Abneigung; er wird von nichts bewegt, was ihm »das Leben auf diesem Planeten anbieten kann«. Da wir keine Erleuchteten sind, verstehen wir nicht, daß es nicht Unser Selbst – das bereits alles hat – ist, das etwas haben will, sondern unser Ich, welches die Bedürfnisse erzeugt. Und da wir weder die Ursachen des Begehrens beseitigen noch unsere Verstandesbewegungen, in denen der anregende Prozeß seinen Ursprung hat, anhalten können, besteht die einzige Lösung darin, das Begehren zu dosieren, »in seiner rechten Dosierung liegt die wahre Tugend eines Volkes« (*sûtra 87*), und – wenn wir das Begehren verstanden haben – es aufzulösen (*sûtra 19, 34, 69, 87, 88*).

Bisher wurde über die Umformung des Menschen gesprochen, die durch den Akt des Verstehens, der Liebe und der Auflösung des Begehrens in den *sûtra* einen neuen Ton annehmen und ein anderes Gewicht erhalten. Nun muß ihre Notwendigkeit eingesehen werden. In der Tat können wir – die wir die Letzte Wirklichkeit untersuchen, die nicht mit dem Verstand erfaßt werden kann, da sie weder Umfang noch Eigenschaften besitzt – sie nur dann erkennen, wenn wir sie verwirklichen, was bedeutet, Wirklichkeit zu sein. Wir werden aber nie dorthin gelangen, wenn wir nicht alles in uns umformen, wenn wir nicht das Relative vom Absoluten unterscheiden, wenn wir nicht mit aller Kraft zur Wahrheit hinstreben und wenn wir uns nicht einem Werk der Enthüllung widmen, um das in uns zu entdecken, was schon immer dagewesen ist: Das *âtman*, das nach der von Raphael mit meisterhafter Klarheit dargelegten vedantisch-upanishadischen Lehre mit *Brahman* identisch ist. Nichtsdestoweniger sollten wir in diesem großen Umformungsprozeß, der uns zutiefst beschäftigen muß, einen Bewußtseinsstandpunkt beibehalten, der uns die Rechte Anschauung geben kann. Diesbezüglich weist uns Der Autor darauf hin, daß es kein rechtes Verständnis geben kann, wenn Die Erkenntnis nicht von einem stabilen und von allen Punkten des Umfangs gleichweit entfernten Zentrum ausgeht. Denn nur aus dieser Position heraus kann Die Ganzheit verstanden werden, die frei vom Werden, also von Zeit-Raum-Kausalität ist, einem mentalen Gebilde, das uns daran hindert, Das Ganze in seiner ewigen Gegenwart zu schauen.

Jedes behandelte Thema berührt neue Themen, so daß die Untersuchung immer größere Kreise zieht. Es wurde das Werden, also das Veränderliche angesprochen, und das führt zu Überlegungen, die üblicherweise dahin gehen, wo der Mensch die Lösung seiner Probleme vermutet und auf das Glück hofft, das er noch nie gefunden hat. Er irrt sich nämlich im Ort der Nachforschung, der immer dort ist, wo ihn das Ich hindrängt, das »samsarische Trugbild«, dessen Natur die Sklaverei ist, Monstrum aus Begierden, das – immer auf der Suche nach neuer Beute – nach Unsterblichkeit und Ewigkeit dürstet (S. 93). Das Ich mit seinen Betrügereien und Alibis ist gefährlich und stets präsent. Deshalb weist Der Autor – quasi aus Mitleid mit den Menschen, die dem Ich zum Opfer fallen und es nicht schaffen, sich von ihm zu befreien – auf dessen Unvollkommenheit, Unehrlichkeit, Falschheit und Verschlagenheit hin. Er macht das Ich für viel Negatives verantwortlich. So entsteht in uns eine Abneigung gegen diesen Feind, der uns in unserem Bemühen aufzusteigen behindert : Gern würden wir das Ich beseitigen, überschreiten und vernichten, und die *sûtra 8, 9, 10, 75* und *81* geben eine Antwort auf die Abneigung, die sich in uns gebildet hat und die zu der logischen Schlußfolgerung führt, daß der Tod des Ichs für alle diejenigen notwendig wird, die das eigene Selbst enthüllen wollen. Dies gilt um so mehr für den *Asparsha Yoga*, der, da er auf dem Nichtverhaftetsein basiert, nichts akzeptieren kann, was das Ich ihm anbietet.

Es gibt kein anderes Mittel, die Macht des Ichs zu neutralisieren. Selbst wenn man ihm einen anderen Bereich gäbe, Macht auszuüben, könnte seine ihm innewohnende Schwäche und Armseligkeit nie ausgemerzt werden; im Gegenteil: Es würde diese neue Stärke nutzen, um uns noch stärker zu versklaven. Diese Bewertung der Macht, wird in den *sûtra 70* und *71* sowie in Raphaels Werk *La Filosofia dell'Essere* wiederaufgegriffen.

Immer wieder wird über den Verstand gesprochen. Den komplexen Denkprozessen ist ein ganzes Kapitel gewidmet, wobei der Verstand als begrenztes Mittel der Wahrnehmung äußerer Gegebenheiten betrachtet wird. Da sich der Verstand nicht an das erkennende Subjekt wenden kann (niemand kann auf den eigenen Schultern stehen), beginnt er zu projizieren und erfindet das Ich, die Zeit, den Raum und die Kausalität. Genau das hindert uns daran, die Letzte Wirklichkeit zu erkennen. Deshalb müssen wir ihn in die Stille versenken. Doch all die Kristallisationen, die sich in der Vergangenheit in uns gebildet haben, die umherirrenden Schatten und Trugbilder, die nach Zypresse riechen (S. 37), hindern uns daran. Von ihnen müssen wir uns durch eine Reinigung befreien, die uns die Möglichkeit gibt, all das zu beseitigen, was uns zu Sklaven der Vergangenheit gemacht hat, um jene Mißklänge, welche die Harmonie unserer Rhythmen gestört haben, in Einklang umzuwandeln.

Plötzlich befinden wir uns vor einer ausdrucksstarken und bedeutungsvollen leeren Seite, so als ob Raphael uns sagen wollte: »Halt! Bis hierher habe ich deine Fragen beantwortet, deine Zweifel aufgelöst und deine Lücken gefüllt. Ich habe dir die Möglichkeit gegeben, die Unwissenheit, die deiner Nachforschung zugrunde lag, in Erkenntnis umzuformen. Aber jetzt halt ein! Denk nach, laß Stille in dir einkehren und meditiere in dieser weißen Stille, die du vor dir hast! Hab keine Eile und mach erst dann weiter, wenn dir scheint, daß du das, was ich versucht habe, in dein Herz gelangen zu lassen, verstanden hast! Und wenn du das, nachdem du es verstanden hast, auch wirklich begriffen hast, wird deine Erkenntnis zu Bewußtsein.«

Raphael definiert den »Feuerweg«[2] als schwingende Gedanken. Daher ist es notwendig, sich in eine Bewußtseinsposition zu begeben, die es ermöglicht, so intensiv wie möglich diese Schwingungen aufzunehmen, um die *sûtra*-Aphorismen zu verstehen. So kann man in den Geist der metaphysischen Verwirklichung eindringen – jenes Ziel, das Der Autor immer wieder vergegenwärtigt und hervorhebt. So bleibt die bisher vermittelte Lehre keine pure Gelehrsamkeit, sondern wird zu Fleisch und Ausdruck (*sûtra 7*).

In diesen *sûtra* drückt sich Raphael auf eine Art und Weise aus, die jener der bekanntesten Kommentatoren der *Vedânta*-Lehre gleicht. Während die Fragen und Antworten im ersten Teil einen eher diskursiven Charakter haben, welcher der Dialogform entspricht, entfaltet sich in den *sûtra* die eindrucksvolle Sicherheit Des Meisters, der, nachdem er zu einer Verwirklichungssynthese Der Einheit Der Überlieferung gelangt ist, demjenigen, der vom letzten Ziel des Menschen noch weit entfernt ist, den Weg aufzeigen kann, dieses Ziel zu erreichen. Dies geschieht mit einer überwältigenden Kraft und Schwingung, die »durch Mark und Bein geht«.

Nehmen wir zum Beispiel das *sûtra 54*, das eigentlich die Frage nach dem Sinn des Lebens beantwortet.

Nachdem Raphael durch leidenschaftslose, objektive und entschiedene Prüfung die Antworten aufgezählt hat, die der Mensch üblicherweise auf diese Frage parat hat, und nachdem er deren Glaubwürdigkeit zunichte gemacht hat, prescht er mit weiteren Fragen vor, die immer tiefer in den Kern der Frage eindringen. Dabei besiegt er sogar den Pessimismus des Fragestellers und führt ihn an den Rand der völligen Zerstörung. So kann Der Autor sagen, daß der Kampf, in den sich der Mensch begeben hat, ein schrecklicher »Streich, ein Betrug, eine irrationale Grausamkeit« wäre, wenn er nur für etwas Vergängliches geführt werden würde. Wenn das Leben keine Bedeutung hätte, die das Individuum und seine Materialität überschreitet, wäre es wirklich absurd. Nachdem im ersten Teil des Buches die Vergänglichkeit des physischen Körpers und der Materie behandelt worden ist, wird in diesen *sûtra* nun das wahre Ziel der menschlichen Existenz aufgezeigt, dieses »gefallenen« Gottes (*sûtra 38, 39*), der – wie der Samen, der nach dem Wachstum und der Blüte der Pflanze wieder zu Samen wird – die Freiheit und Möglichkeit hat, sich in seine eigene Essenz, in der seine Wurzeln liegen (*sûtra 53*), wieder einzugliedern. Es liegt in der Hand des Menschen, sein eigenes Schicksal, dessen Demiurg er ist, zu gestalten. Kein Gott würde sich der Richtung seiner Energien entgegenstellen. So übernimmt der Mensch die Verantwortung für sein Handeln, die er – durch zuviel Nachsicht mit sich selbst – Einem Gott übertragen hat: Es ist so bequem, sich der eigenen Verantwortung zu entziehen! Hier liegt die Gefahr des Dualismus, der uns durch eine falsche Beurteilung unseres Bewußtseinszustands täuschen kann (*sûtra 40-45*). Entfernen wir also alle Schleier von uns, mit denen das Ich versucht, seine eigenen Alibis zu verbergen! Betrachten wir uns in dem Bewußtsein, das sein zu können, was wir zu sein glauben – als diejenigen, die wir sind!

So bietet Raphael den Ängsten und der Unsicherheit des modernen Menschen, seiner inneren Leere voller Verwirrung, Einsamkeit, Entfremdung und Angst den starken und sicheren Stein, der einen Wert hat, weil er dem Leben entspringt. Der Autor weist uns darauf hin, daß wir den Kontakt mit der Universalen Wirklichkeit verlieren, zu einem »lebenden Kadaver« werden und eine Gesellschaft bilden, die »schon tot« ist, wenn wir bei der eigenen Grobstofflichkeit stehenbleiben (*sûtra 4, 10, 30, 53, 59*). Hier wird deutlich, wie sich die Anschauung auf den sozialen und politischen Bereich ausdehnt (*sûtra 60*). In seinem Werk *La Filosofia dell'Essere* weist Raphael auf die Lösung dieser Probleme hin, die hier bereits am Beispiel einer Politik angesprochen wird, die auf einer ethischen Haltung basiert, welche die Individualität überschreitet und mit den universalen Gesetzen in Berührung steht. Um aber dahin zu gelangen, muß der Mensch die Essenz seines eigenen Wesens enthüllen, indem er sie in sich selbst sucht. So führt all das, was in den Antworten über die wahre Liebe, die Grenzen des Verstandes, über unsere Haltung gegenüber der Begierde, über den Fortlauf des Werdens, über die notwendige Freiheit vom Ich, über die Erinnerungen an die Vergangenheit, über jede duale, also konfliktgeladene Ursache, über die Kräfte der *mâyâ*, die keine Möglichkeit der Transzendenz, Liebe und Identität geben, gesagt wurde, nun zu weiteren Früchten und gewinnt diesen gegenüber einen propädeutischen Wert. Nachdem Raphael die wichtigsten Punkte geklärt und die Notwendigkeit, mehr noch die Pflicht, sich mit Beständigkeit, Entschlossenheit und Mut in Richtung der Verwirklichung zu begeben, wiederholt betont hat, um die »Sonnenkraft«, welche die Mondkräfte auflöst, zurückzuerobern (*sûtra 99*), nimmt er in einem schwindelerregenden Crescendo alle Stufen Des Werks der Umformung in Angriff, die er in alchimistischen sowie kabbalistischen Begriffen darlegt (*sûtra 99, 100, 101, 103, 104, 108*).

Aus diesen *sûtra* strömt soviel Kraft und Sicherheit, daß der Leser – mitgenommen von der Erhabenheit der Gedanken und im Bewußtsein der eigenen Begrenztheit, welche die Möglichkeit, sich der Höhe gewisser Sphären anzunähern, in immer weitere Ferne rückt – vor Ergriffenheit und Bestürzung zittert, wenn er recht verstanden hat! Für den Umwandlungsprozeß von der Individualität zur lebendigen Universalität ist der Gebrauch Des Feuers, vielmehr aller Notwendigen Feuer, unerläßlich, um schrittweise jedes Element, »Symbol tieferer Wirklichkeiten«, in ein anderes und die Welt des Objekts in jene des Subjekts aufzulösen. Man muß sich Dem Allesdurchdringenden Feuer, das Harmonie ist, hingeben, es der »Oberen Welt« entreißen, brennen lassen, aus Allen Feuern ein Einziges Feuer machen und den Mut haben, dabei zuzusehen, wie es erlischt.

Auf analoge Weise wird in den Hochöfen das feste Eisen in die Unendlichkeit universalen Lebens – die Masse in freie Energie – aufgelöst.

Raphael weist den Leser und potentiellen Anwärter auf Verwirklichung auf alle Stufen, die er durchlaufen muß, und auf alle Schwierigkeiten hin, denen er begegnet und die er überwinden muß. Er präsentiert die Arbeit, die den Suchenden erwartet, nicht in verlockender Form, sondern enthüllt ihm – mit der Sicherheit dessen, der es an sich selbst erfahren hat – die extreme Härte. Raphael warnt vor voreiligem Enthusiasmus, Täuschungen und Gedankenspielereien. Er verbirgt nichts, spricht von Qual, sich selbst sterben und vom Kreuz, an das man sich nageln muß. Man kann wirklich nicht sagen, daß all das einladend klingt oder daß Dieser »Kenner« des *Advaita* Anhänger für den *Asparsha Yoga* sucht. Es scheint eher so, als ob er davon abraten will. Raphael weiß, daß nur diejenigen diesen Weg gehen können, welche die erforderlichen Voraussetzungen dazu mitbringen. Es gibt ja noch viele andere Wege, die den unterschiedlichen Qualifikationen der jeweiligen Suchenden eher entsprechen könnten. Dennoch wiederholt Raphael immer wieder: »Forme dich um!« In diesen *sûtra* versetzt er seine Worte »in Schwingung«, und sein Schrei wird zur Peitsche, fordert auf, spornt an und befiehlt dem, der noch Zeit verliert und schlummert, dem, der sich noch von Irdischem nährt anstatt das Pferd an die Zügel zu nehmen, um sich selbst zu erobern: »Wenn du eines Morgens aufwachst und dir vornimmst, etwas zu tun, was du dann nicht tust, bist du nicht aufgewacht« (*sûtra 6*).

Die Poesie dieser *sûtra* entspricht dem Stil der reinen metaphysischen Verwirklichung, die uns lehrt, zuzusehen, wie jenes letzte Zentrale Feuer, in dem sich alle anderen aufgelöst haben, erlischt: Es ist der endgültige Tod in Göttlicher Einsamkeit.

Das Werk ist vollendet, und das Wesen, das sich von all dem, was es auf der Ebene der Manifestation festgehalten hat, befreit hat, ist an Den »Quellen des Lebens« angekommen, um Das Sein, mit dem es nun identisch ist, in sich selbst zu enthüllen: Der menschliche Kreislauf ist abgeschlossen.

Marina Zannelli

Teil I

DIE QUELLEN DES LEBENS

DAS IDEAL DES MENSCHEN

FRAGE Ich habe immer Ideale gehabt, die aber früher oder später wieder zerbrochen sind. Verzweifelt suche ich nach etwas, das mir den Sinn des Lebens geben kann. Aber jedes Mal, wenn ich mich umblicke, sehe ich nichts als die Trümmer dieser Ideale. Heute bin ich an einem Punkt angelangt, an dem ich mich frage, ob das Leben wirklich einen Zweck hat. Was können Sie mir dazu sagen?

RAPHAEL Von Zweifel, Konflikt und Unvollkommenheit zerfressen irrt der Mensch im Dickicht des Werdens umher. In diesem Kreislauf aus Einsamkeit und Unwissenheit versucht er, sich an Stützen zu klammern, die wir Ideale nennen. Mit der Zeit wird er sie jedoch aufgeben müssen, da er das wahre Ziel der Existenz aus den Augen verloren hat. Was könnte der Zweck des Lebens sein?

FRAGE Sich zu verstehen, denke ich, oder?

RAPHAEL Was meinen wir mit »verstehen« ? Ich bitte Euch, laßt uns gemeinsam versuchen, diesen Begriff zu verstehen. Sonst reden wir nur so dahin, ohne einen Dialog der Verwirklichung zu führen. Wenn einem Menschen gesagt wird, daß der Weg, den er geht, eine Sackgasse ist, und daß er, wenn er ans Ziel kommen will, den entgegengesetzten Weg einschlagen muß, und wenn dieser Mensch, obgleich er bekräftigt, verstanden zu haben, weiter in der Sackgasse bleibt, heißt das, daß er nicht richtig *verstanden* hat.

Verstehen bedeutet, eine Gegebenheit mit sich zu nehmen, einen begrifflichen Inhalt zu integrieren und in die Essenz einer Sache einzudringen.

Wenn wir also unsere Wahre Essenz verstehen, sind wir zwangsläufig – an jedem Ort, zu jeder Zeit und in jeder Kausalität – Jene Essenz.

FRAGE Dieser Akt des Sich-Verstehens erfordert Zeit, Rückzug aus der Welt und Einsamkeit. Wie kann ich, der ich täglich arbeite und mich in dieser hektischen Welt befinde, jenen günstigen Zustand erreichen?

RAPHAEL Müssen wir, um uns zu verstehen, wirklich in den Dschungel oder in die Berge gehen? Wir tragen unseren Konflikt und unsere Unvollkommenheit überall mit uns herum, egal ob wir in der Stadt, auf dem Land oder sonstwo wohnen. Wir können uns einsam im Gebirge aufhalten und trotzdem einen unruhigen und alles andere als schweigsamen Verstand haben, oder aber in der Stadt leben und innerlich ruhig sein. Die innere Sammlung ist ein mentaler Zustand. Das Sich-Verstehen hängt nicht von Ort und Zeit ab. Das Ich versucht leider immer wieder, diesem Grundproblem auszuweichen.

Können wir uns verstehen, wenn wir mit Arbeit überschüttet werden? Wer ist das, der arbeitet? Welche Beziehung besteht zwischen uns und der Arbeit? Was ist Arbeit? Können wir arbeiten, auch wenn wir mit den Gedanken woanders sind? Können wir zum Beispiel, während wir gehen, an irgendein Ereignis denken?

All das zu entdecken, bedeutet sich zu verstehen, und diesen Prozeß kann man in jedem psychophysischen Zustand verwirklichen.

FRAGE Ich habe immer gedacht, das Ideal des Menschen sei, seinen Nächsten zu lieben. Glauben Sie, daß es ein noch höheres Ideal gibt?

RAPHAEL Um diese Frage beantworten zu können, bräuchte ich mehr Zeit. Trotzdem versuche ich innerhalb der mir gestatteten Grenzen das Problem auf den Punkt zu bringen. Zuallererst möchte ich Sie fragen, was Sie unter Liebe verstehen? Wir müssen von einem exakten Punkt ausgehen, sonst verstehen wir uns nicht.

FRAGE (Nach einem Zögern) Den anderen nützlich sein, den anderen dienen, uns nicht bekämpfen. All dies ist Liebe für mich.

RAPHAEL Also, man soll den anderen dienen und nützlich sein. Aber das setzt, abgesehen von einer gewissen Reife, eine Kenntnis des Gebenden voraus, meinen Sie nicht? Kann ein Blinder jemals andere Blinde führen?

FRAGE Sicher nicht.

RAPHAEL Wer geben will, *muß* haben, wer lehren will, *muß* kennen, wer die anderen lieben will, *muß* die Liebe besitzen, denn was gäbe er sonst?

Sie nicken mit dem Kopf, aber folgen Sie mir wirklich? Folgt Ihr mir alle? Das Problem ist äußerst delikat und wichtig. Lassen Sie uns versuchen, ohne Widerstände die rechte Aufmerksamkeit herzustellen. Gemeinsam werden wir viele ungewöhnliche Dinge entdecken.

FRAGE Ich merke, daß in meiner Frage viele Verflechtungen stecken ...

RAPHAEL Das ist unwichtig, das Problem wurde angesprochen. Packen wir es an. Was muß zum Beispiel ein potentieller Erzieher tun, der andere Menschen etwas lehren, ihnen also dienen und sie lieben will?

FRAGE Zuallererst muß er sich Kenntnisse aneignen.

RAPHAEL Gut. Sagen wir also, er muß zum wahren Verständnis der Dinge gelangen, das seinerseits ein qualitatives »Ausströmen« und »Strahlen« heranreifen läßt, das sich als pädagogisches Geschenk oder anderes erweisen kann. Wir können sogar sagen, daß der Akt der Liebe erst dann heranreift, wenn das wahre Verständnis in uns ist. Verstehen bedeutet lieben, schenken; es bedeutet, miteinander zu teilen, nicht wahr? Das Ideal des Menschen besteht darin, sich zu verwirklichen und die wahre Ursprüngliche Essenz auszudrükken. Der Rest kommt von alleine. Die Blume, die zur Reife gelangt ist, kann nichts anderes tun als duften, und all diejenigen, die sich ihr nähern, können den Wohlgeruch ihres Duftes und die Schönheit ihrer Symmetrie in sich aufnehmen. Ein Wiedererweckter ist Schönheit, Duft und Harmonie, und allein durch seine Gegenwart wird der Raum in Rhythmus versetzt. Dieser Zustand ist nicht-dual.

DIE WAHRE LIEBE

FRAGE Was bedeutet diese letzte Behauptung?

RAPHAEL Daß die wahre Liebe nicht jene emotionale oder sexuelle ist, die ausschließliches und konfliktgeladenes Begehren, Besitznahme und die *Rückgabe* von etwas mit sich bringt.

FRAGE Aber beinhaltet jene Liebe, von der wir vorher sprachen, nicht ebenfalls Dualität? Ist es nicht so, daß immer zwei Menschen zu ihr gehören?

RAPHAEL Kehren wir in den Zustand freier Aufmerksamkeit zurück. Hier handelt es sich um zu feine Nuancen, als daß es dem Verstand erlaubt werden dürfte, abzuschweifen.

Wenn ich sage, die Blume duftet, enthüllt sich die Dufteigenschaft unabhängig von der Gegenwart von Personen oder äußeren Dingen. Die Sonne strahlt unabhängig von der Existenz anderer Planeten aus ihrem eigenen Licht. Diese Bewegungen enthalten keine Besitznahme, kein Begehren und keine Sklaverei, es gibt weder Erinnerung noch Dualität, versteht Ihr das? Patañjali nennt diesen Zustand *kaivalya*, das heißt, die Isolierung von allen möglichen Dualitäten, Göttliche Einsamkeit[3].

Das beinhaltet ein Ausstrahlen, ein Geben, ohne zu nehmen und ohne etwas zurückzugeben. Dort, wo Begehren ist,

ist auch immer Dualität und Konflikt, also Unvollkommenheit. Wir haben das Begehren mehr oder weniger mit Liebe verwechselt. Das Ich sehnt sich ständig nach neuer Technik, nach Sex, nach leitenden Positionen und sogar nach dem Paradies – aber nur um zu genießen, um seinen emotionalen Frieden zu finden und seine unbewußten Begierden zu befriedigen.

FRAGE Darf ich dann also, wenn ich eine Person liebe, nichts von ihr fordern? Muß ich sie einfach so akzeptieren, wie sie ist?

RAPHAEL Das ist doch klar. Wenn es sich um reine Liebe handelt, kann es keinerlei Ansprüche geben. Wenn jedoch Begehren im Spiel ist, sieht die Sache ganz anders aus.

Versuchen Sie bitte, darüber nachzudenken. Wir sind hier, um uns zu verstehen, also um uns zu lieben.

Kann das Licht das Licht haben wollen, wenn es selber Licht ist?

Kann die Erkenntnis die Erkenntnis haben wollen, wenn sie selber Erkenntnis ist?

Kann das Leben das Leben haben wollen, wenn es selber Leben ist?

Kann die Liebe die Liebe haben wollen, wenn sie selber Liebe ist?

FRAGE All dies ist wunderbar! Gleichzeitig ist es – zumindest für mich – furchtbar, gewisse Verhaltensweisen oder menschliche Impulse zu akzeptieren.

RAPHAEL Sie dürfen nicht traurig sein. Der Mensch muß den Mut haben, sich den eigenen inneren Feinden zu stellen, wenn er sein wahres Ziel, sein Höchstes und Authentisches Ideal erreichen will: Die Verwirklichung Der Essenz.

DER FEIND DES MENSCHEN

Frage Wer ist der schrecklichste Feind des Menschen?

Raphael Die Unwissenheit.

Frage Wie können wir sie besiegen? Können Sie uns einen Weg weisen?

Raphael Nur durch Die Verwirklichung, durch das Wieder-aufwachen zu dem, was wir in Wirklichkeit sind; und das erfordert jenes Verständnis, von dem wir zuvor gesprochen haben.

Frage Wie kann man Diese Verwirklichung bekommen?

Raphael Es geht nicht darum, etwas zu erwerben, zu erobern oder zu bekommen. Tatsächlich werden wir nie irgend etwas erobern können, was wir potentiell nicht schon besitzen. Potentiell sind wir schon verwirklicht, wir müssen es nur noch auf der bewußten Ebene demonstrieren.

Frage Der *Vedânta*-Weg, den ich hoch schätze, behauptet, daß wir *Brahman* sind, uns aber als solches nicht erkennen, weil sich die *mâyâ* zwischen uns und *Brahman* stellt. Auf welche Weise kann ich diesen Schleier entfernen, der mich daran hindert, mich in Jenem wiederzufinden, das ich wirklich bin?

Raphael Mit dem Schwert der Unterscheidung und dem sich anschließenden Licht der Erleuchtung. Man muß Das Reale vom Irrealen trennen, Das Selbst vom Nicht-Selbst, die Wahre Erkenntnis vom gelehrten und angesammelten Wissen, das *noumenon* vom Phänomen, das *âtman* von der auf Trägern stützenden Ganzheit oder von dem Kontaktinstrument.

Zuallererst müssen wir erkennen, daß wir das *âtman* sind, oder in westlichen Begriffen ausgedrückt, ein Göttlicher Funke. Diesen Urzustand müssen wir wiederherstellen. Das metaphysische Nicht-Wissen hat unser Bewußtsein umwölkt. Diese Unwissenheit ist aber nur ein Trugbild, das kommt und geht und zerstört werden kann. Es hängt davon ab, in welche Richtung wir unseren Verstand lenken wollen. Shankara sagt, daß uns der Verstand in die Sklaverei geführt hat, daß es aber derselbe Verstand ist, der uns zur Befreiung führen wird![4]

FRAGE Manchmal weigert sich der Verstand, einer gewissen Linie zu folgen, obwohl er deren Notwendigkeit eingesehen hat. Warum?

RAPHAEL Der Verstand ist mit Erinnerungen aus der Vergangenheit, mit Gelehrsamkeit, Hemmungen, Angst und Zweifeln etc. beladen. Die mentalen Inhalte bestimmen unsere fatale Unvollkommenheit. Wie kann der Verstand von diesem Schutt befreit werden? Wie können die unterbewußten Trugbilder beseitigt werden, die wie Blutsauger an uns haften und uns Tag für Tag ärmer machen? Dies ist das Problem.

FRAGE Kann der Verstand diese ganze Unvollkommenheit erkennen, obwohl er selbst unvollkommen ist?

RAPHAEL Das müssen Sie selbst herausfinden. Nehmen beispielsweise den Neid. Versuchen Sie, in sich selbst folgende energetische Bewegung zu verfolgen: Wann entsteht der Neid, warum entsteht er, wie entsteht er, wie entwickelt er sich und wie drängt er Sie dazu, sich auf eine bestimmte Weise zu verhalten? Verfolgen Sie diesen Prozeß der Unvollkommenheit von der Entstehung über das Heranreifen bis zur anschließenden Veräußerlichung. Sie müssen den Neid zu einem *Objekt* der Erkenntnis machen, das die Gegenwart eines *wirkenden Subjekts* beinhaltet. Wenn der Mensch nur aus Verstand bestehen würde, könnte er sich nie verwirklichen. Aber glücklicherweise ist der Verstand nur ein Werkzeug, der Widerschein von etwas, das dahinter liegt.

FRAGE Der Neid entsteht eines äußeren Objektes wegen.

RAPHAEL Das glaube ich nicht. Der Neid entsteht durch eine innere Reaktion von Ihnen auf das äußere Objekt. Meinen Sie nicht?

Viele Menschen reagieren auf unterschiedliche Weise auf dasselbe Objekt. Das beweist, daß das Objekt überhaupt nichts damit zu tun hat. Grundlegend dagegen ist Ihre Reaktion darauf. Wenn wir uns selbst verstehen wollen, müssen wir den Blick von der äußeren Welt abwenden und auf den Hochofen unserer inneren Reaktionsimpulse richten. Unsere Feinde sind in uns, nicht außerhalb von uns.

FRAGE Dies eröffnet mir wahrhaft neue Horizonte. Verzeihen Sie mir diese Frage: Ist es also auf Grund dessen, was wir eben gesagt haben, nicht das Verhalten einer Person, das in mir eine gewisse Unruhe erzeugt, sondern meine innere Reaktion auf sie? Ich möchte das noch besser begreifen. Ich bin ja hier, um all dies verstehen zu lernen.

RAPHAEL Ich denke, dieser Prozeß müßte klar sein. Wir sind nicht von äußeren Objekten und Verhaltensweisen abhängig, sondern von unseren Reaktionen auf sie. Deswegen muß unsere Arbeit genau darin bestehen, diese Reaktionen neu zu schulen anstatt die äußeren Ereignisse-Objekte.

FRAGE Dann ist es also – wie es heutzutage üblich ist – nicht richtig, die Konsumgüter zu verdammen, sondern vielmehr unsere persönlichen Reaktionen darauf?

RAPHAEL Ja. Jeder Konsumartikel ist ein unschuldiges Mittel einer Dienstleistung. Es liegt nur an uns, ob wir uns davon versklaven lassen wollen oder nicht.

FRAGE Das erfordert natürlich eine komplette Umkehrung der vorherrschenden Moralvorstellungen. Denn der Mensch schiebt seine Schwäche oder *Unvollkommenheit*, wie Sie sie nennen, auf die Außenwelt, oder?

RAPHAEL Genau. Deswegen ist Die Verwirklichung manchmal so schwierig. Das Ich will nicht erkennen, was es wirklich ist. Um das zu verstehen, ist große Aufmerksamkeit, Demut und eine intelligente Aufnahmebereitschaft nötig. Wir müssen *tabula rasa* unserer gesamten Vergangenheit und Gelehrsamkeit machen. Das Ich strebt – in und außerhalb der Meditation – nach immer neuen Sensationen. Es sucht nach Geheimnisvollem und nicht nach der Wahrheit, welche Dinge enthüllen könnte, die ihm eher unangenehm sind.

DIE GRENZEN DES VERSTANDES

FRAGE Kann der Verstand Das *Brahman*-Absolute begreifen?
Kann die Erkenntnis des Intellekts in das Geheimnis Des
Seins eindringen?

RAPHAEL Wie wir gesagt haben, ist der Verstand – so wie der
Körper – ein Instrument der Wahrnehmung. Er ist nur ein
Träger, durch den das Wesen mit gewissen Möglichkeiten
des Seins in Kontakt tritt. Wie alle Träger oder Kontaktin-
strumente ist der Verstand begrenzt und kontingent. Er
nimmt die Wahrheit auf sozusagen indirektem Wege auf.
Das bedeutet: Er wägt ab, vergleicht, wählt aus und zieht
dann seine Schlußfolgerungen, die natürlich nicht absolut
sind und es auch gar nicht sein können. Der Mensch hat die
Ungenauigkeit des Verstandes erkannt und deswegen versucht, logische Systeme und Formen analoger, sylloger etc.
Argumentation, die auf gewissen induktiven oder dedukti-
ven Voraussetzungen basieren, zu entwickeln. Diese Systeme sind jedoch aus eben diesem bedingten und begrenzten
Verstand hervorgegangen, weshalb sie nicht absolut sein
können. Selbst die Wissenschaft muß ihre als gültig betrach-
teten Begriffe ständig modifizieren. Die formale Vorstellung
von Materie, die ein Physiker im 19. Jahrhundert hatte,
deckt sich nicht mit jener des Atomphysikers von heute. Im

universalen Leben gibt es verschiedene Manifestations- und Bewußtseinsebenen. Der Mensch verfügt über unterschiedliche »Fenster«. Jedes von ihnen dient dazu, mit einer bestimmten Existenzebene in Kontakt zu treten. Das physiologische Sehvermögen zum Beispiel funktioniert nur dann, wenn gewisse Umweltvoraussetzungen bestehen. Ohne Sonnenlicht zum Beispiel könnte die Retina des Auges nichts mehr wahrnehmen. Der Verstand nimmt also die Wahrnehmungen auf, indem er sie analysiert, vergleicht und begrifflich macht; dabei bleibt er aber im Bereich des sinnlich Wahrnehmbaren, Dualen und Bruchstückhaften, im Bereich der Zeit und der Kausalität. Außerdem beobachtet er nur äußere Gegebenheiten an sich, das heißt, er führt alles auf das *Objekt* der Wahrnehmung zurück. Wie aber können wir das erkennende Subjekt begreifen? Wenn wir uns erneut dem Verstand anvertrauen, wird er das Subjekt, das wir erkennen wollen, automatisch auf das Objekt zurückführen, und dieses setzt wiederum ein erkennendes Subjekt voraus.

In diesem Prozeß *projiziert* der Verstand ein Form-Bild des wahren Subjekts und bestimmt seine Denkaktivität gemäß jenes Form-Bildes. Das bedeutet, daß er sich bei seiner Tätigkeit nicht auf das *Ding an sich* bezieht, sondern auf die Projektion seiner eigenen Vorstellung. Auf diese Weise wird das Universum gemäß der verstandesmäßigen Form-Vorstellung des Menschen interpretiert und nicht nach der ihm innewohnenden Wirklichkeit.

Ein hinduistisches Sprichwort fragt: »Können wir auf unseren eigenen Schultern tanzen?« Nein. Der Verstand kann sich also nicht selber verstehen. Hier sehen wir die Grenze eines Erkenntniswerkzeuges und müssen mit Demut und Aufnahmebereitschaft einen solchen Tatbestand akzeptieren. Der Verstand aber, der das Ich, die Zeit, den Raum und die Kausalität erzeugt, gibt nicht auf und versucht in seiner Unwissenheit das, was ohne Zeit, ohne Ursache und ohne Raum ist, zu definieren, begrifflich zu machen und festzuhalten. Er erkennt also nicht aus sich selbst heraus. Hinter ihm existiert etwas, das einen winzigen Widerschein von Erkenntnis auf ihn wirft. Dieses Etwas können wir mit der Sonne vergleichen, die aus ihrem eigenen Licht erstrahlt. Die Aufgabe des Verwirklichungsprozesses besteht darin, das Bewußtsein in diese Zentrale Sonne zurückzuführen, die zur Erkenntnis kein Verstand-Denken braucht, da sie versteht und sich selbst versteht. Wenn man dieses Zentrale *âtman* mit der Sonne und den Verstand mit dem Mond vergleicht, frage ich Sie, wozu jener bleiche Widerschein des Mondes dient, wenn gleichzeitig die Sonne am Zenit erstrahlt?[5]

FRAGE Wie kann ich den Verstand, der ja die Erkenntnis des *âtman* verhindert, überwinden?

RAPHAEL Der Verstand stellt dann ein Hindernis dar, wenn er darauf besteht, eine Eigenschaft zu besitzen, die er nicht hat. Wenn es ihm mittels der jenseits von ihm befindlichen Erleuchtung gelingt, seine Grenzen zu erkennen, kann er – so wie jeder andere Träger – wertvolle Hilfe leisten.

FRAGE Es geht also nur darum, den Verstand in seine richtige Dimension zurückzuführen, ihn an seinen rechten Platz zu stellen und ihm seine entsprechende Funktion zuzuweisen?

RAPHAEL Ja. Man muß dem Verstand seine eigene Dimension geben und ihn dann in aktive Stille versetzen. In solch gedanklicher Einsamkeit taucht Das Unbekannte auf.

FRAGE Wie kann man den Verstand in seine richtige Dimension zurückzuführen, wenn er selbst die Ursache der Täuschung ist?

RAPHAEL Wir kreisen um dasselbe Problem. Lassen Sie uns versuchen, da herauszukommen. Die Tatsache jedenfalls, daß wir Gedanken auf bewußte Weise formulieren, lenken oder unterdrücken können, beweist, daß *wir* eben nicht diese Gedanken beziehungsweise der Verstand sind. Die Tatsache, daß Ihr diese Behauptungen aufstellen könnt, bedeutet, daß hinter dem Verstand ein Zentrum existiert, das eingreifen und das Fließen der gedanklichen Ideen und Vorstellungen beobachten kann. Allerdings muß jener Zustand, in dem man frei von Gedanken und visuellen Vorstellungen ist, erfahren werden.

FRAGE Ich habe diesen Zustand schon erlebt und schätze seinen Wert. Ich möchte aber diesen Mechanismus, der mich leider aus dem gedankenfreien Zustand wieder herausreißt, noch besser verstehen. Kurz, was drängt mich dazu, jenen Zustand der Ruhe, Stille und Einsamkeit wieder zu verlassen?

RAPHAEL Um diesen Vorgang zu begreifen, müssen wir zuallererst die Dynamik des Denkprozesses untersuchen, um dann zu den Ursachen vorzustoßen, die den Verstand dazu drängen, eine Idee-Vorstellung zu reproduzieren. Der Verstand ist eine Schmiedepresse und gleichzeitig ein Aufnahmegerät von Vorstellungen. Er kann nur dann denken, wenn er *Vorstellungsmodelle* hat. Eine reine Abstraktion ist deshalb undenkbar. So können wir ihn mit einem Filmstreifen vergleichen, auf dem Bilder, ja ganze Gedankenfolgen entstehen. Patañjali sagt in seinen *Yoga Sûtra*, daß der Verstand die

Form des gedachten oder wahrgenommenen Objekts annimmt und daß das innere *jîva*-Subjekt (die kristallisierte und individuelle Seele) seinerseits die Form der verstandesmäßigen Funktionen annimmt. Das *jîva*-Ich identifiziert sich also mit dem vom Verstand projizierten Form-Bild. Und der Verstand seinerseits wird zum wahrgenommenen Objekt. All dies ist ein Spiel von Gedanken.

Ich bitte Euch, diesen Prozeß mit äußerster Aufmerksamkeit zu verfolgen, da wir dabei zu höchst interessanten Entdeckungen gelangen können. Ich gebe ein Beispiel: Der Verstand eines Schauspielers projiziert das Bild von Julius Cäsar – während er diese Rolle spielt – und der Ich-Schauspieler, das *jîva*-Individuum also, identifiziert sich so sehr mit seiner mentalen Vorstellung, daß er sagt: »Ich bin Julius Cäsar«. Dies erzeugt eine Spaltung zwischen dem realen und dem sogenannten illusorischen Wesen. Und solange diese Spaltung andauert, befinden wir uns gegenüber dem existentiellen Zustand des Traums.

Und aus diesem Zustand müssen wir eben erwachen. Der Wahre Wiedererweckte ist derjenige, der alle Trennungen aufgelöst hat und sich im bedingungslosen Zustand wiederfindet. Wir haben also die Grundlage Des Absoluten in uns so stark mit nicht-realen Vorstellungen überlagert, daß wir Das Absolute mit diesen Traumbildern verwechseln.

Genau das will Shankara vermitteln, wenn er sagt, daß wir das Seil mit der Schlange verwechseln. Die Schlange ist nichts anderes als eine Gedankenmodifikation von uns, eine harmlose Bild-Projektion, mit der sich das *jîva*-Ich verschmolzen hat und dabei in *avidyâ*-Unwissenheit fällt. Es erübrigt sich zu erläutern, auf welche Weise der Verstand aus den objektiven Formen oder aus den verschiedenen unbestimmten Sinneswahrnehmungen Bilder reproduziert.

Wenn wir uns jetzt diesen Regisseur des Gedankenfilms ins Gedächtnis zurückrufen, der uns ohne Unterlaß in die Welt des Werdens führt, entdecken wir, daß – wie zwischen zwei aufeinanderfolgenden Einzelbildern auf einem Filmstreifen oder wie zwischen zwei Lichtphotonen – zwischen einer Wahrnehmung und einer darauffolgenden eine Lücke besteht. Der metaphysische *Vedânta* weiß schon lange, daß das Universum ein Kontinuum-Diskontinuum ist.

Die Meditation des *Vedânta Yoga* führt zur Verlangsamung der Sequenz aus Gedanken-Bildern, bis jenes nichtmanifeste *Kontinuum* erreicht wird, welches die Wahre Wirklichkeit ist, die keinerlei Veränderung unterliegt. Wir müssen herausfinden, was Diese Wirklichkeit-Leere, diese Göttliche Stille, dieser nicht-objektivierende und nicht-projizierende Zustand ist. Jede intellektuelle Spekulation darüber wäre vergeblich, weil der Verstand nichts anderes tun würde als neue illusorische Vorstellungen und Begriffe zu produzieren, die nur die ausschließlich *verstandesorientierten* Menschen befriedigen würden.

Kommen wir nun zum zweiten Teil der Frage: Was bringt uns in die Welt des Werdens zurück? So lautete doch die Frage?

Wenn wir, einmal abgesehen von der letzten Phase des *samâdhi*-Prozesses – jener Zustand-Nichtzustand, von dem wir zuvor gesprochen haben, stellt nämlich eine Art von *samâdhi* dar – aber zumindest jene Phase des Selbstgewahrseins oder des Beobachters erfahren haben, werden wir festgestellt haben, daß der Verstand nach einem Moment gedanklicher Stille sofort wieder in einen Wust von Gedanken gerät, weil neue Formvorstellungen gewaltsam in uns eingedrungen sind. Dabei bemerken wir, daß uns die energetische Dynamik der in uns *gespeicherten* Bilder enorm beeinflußt. Nur wer diesen meditativen Prozeß erlebt hat, weiß, was diese psychischen Inhalte, ihre mächtige Schubkraft und ihre gewaltige Fähigkeit, uns zu bestimmen, bedeuten. Die Befreiung von dieser Vergangenheitsanhäufung, von diesen umherschweifenden Larven und Trugbildern, die nach Zypresse riechen, ist die Bedingung für den wahren Anwärter auf Verwirklichung.

Genau diese Dynamik zwingt uns, jedesmal, wenn wir versuchen, unseren Verstand still werden zu lassen, uns wieder nach außen zu wenden. Man muß übrigens sehr achtsam sein und darf die Gedanken keinesfalls *unterdrükken*. Denn das würde das Gegenteil bewirken. Die mentale Stille entsteht nicht dadurch, daß man die Gesamtheit der energetischen gefangennehmenden Ansammlung unterdrückt, sondern dadurch, daß man sie *auflöst*.

Es gibt also zwei Elemente, die den Verstand veranlassen, Vorstellungen-Träume zu produzieren: Das erste wird durch unsere enorm große unterbewußte und energetische Ansammlung von kristallisierten Idealen, die befriedigt werden wollen, erzeugt. Das zweite ist auf die Gewohnheit des extrovertierten, unkontrollierten Verstandes zurückzuführen, der die verschiedenen Wahrnehmungen formt und festigt.

Die Kontrolle über die Neigung des Verstandes zur objektivierenden Extroversion und die Auflösung der unterbewußten Kräfte sind die beiden wichtigsten Pfeiler des *Vedânta Yoga*.

FRAGE Kann ein Psychoanalytiker diese Probleme lösen?

RAPHAEL Der Psychoanalytiker löst die unterbewußten Ansprüche nicht auf, sondern stärkt sie ganz im Gegenteil sogar noch. Hierin besteht der Unterschied zwischen einem *yogin* und einem Psychoanalytiker. Dieser arbeitet auf der Ebene der Individualität und läßt bestimmte Ansprüche des konfliktgeladenen Ichs heranreifen, während der *yogin* danach strebt, die gesamte menschliche Individualität aufzulösen und zu transzendieren. Es besteht kein Widerspruch zwischen den beiden, sie benutzen lediglich unterschiedliche Methoden und verfolgen unterschiedliche Ziele. Man tut gut daran, sie nicht miteinander zu vergleichen.

૯∾ゝ

RAPHAEL Wir wollen das Gespräch von gestern abend wieder aufnehmen und versuchen, so wie wir es gewohnt sind, jene rechte Aufmerksamkeit herzustellen, die uns in die Welt der Bedeutungen führen kann. Heute abend sehe ich neue Gesichter – man sagte mir allerdings, daß viele von ihnen die Aufzeichnung unserer vorigen Gespräche bereits gehört haben. So können wir fortfahren.

FRAGE Ich habe die Aufzeichnung vom letzten Abend gehört. Dabei haben sich gewisse Zweifel in mir aufgelöst. Aber den Unterschied zwischen Verstand, Gedanke, Idee etc. habe ich noch nicht begriffen. Was muß ich auflösen: den Verstand, die Gedanken oder ist es etwas anderes? Diese Antwort wäre wichtig für mich.

RAPHAEL Wenn wir von Trägern oder Hüllen sprechen, beziehen wir uns auf jenes energetisch Zusammengesetzte, das

38

durch die Lebenskraft eines Inneren Zentrums in einer bestimmten Form zusammengehalten wird. Wenn Dieses Zentrum einem Träger seine kohäsive (zusammenhaltende) Kraft entzieht, zersetzt sich der Träger und verliert sich im Raum. Das Gleiche geschieht, wenn der grobstoffliche Körper, den wir tragen, stirbt. Jeder Träger drückt sich durch gewisse Qualitäten und Eigenschaften aus, die seiner Natur innewohnen.

Dieser mentale Körper ist also eine energetische Zusammensetzung, die auf bestimmte Möglichkeiten reagiert. Er ist für die Welt der Wahrnehmungen, Ideen und Begriffe empfänglich. Der Verstand besitzt die Fähigkeit, ganze Universa zu visualisieren oder zu projizieren und sie dabei gleichzeitig wahrzunehmen.

Das, was diesen Träger beeinflußt, ist die energetische *Verfestigung* der Ideen-Vorstellungen. Ein mentales Bild ist Energie und stellt ein Lebenspotential dar, das früher oder später einen Weg finden muß, um sich auszudrücken; ansonsten würde es sich in Spannung umwandeln. Ein mentaler Inhalt kann – so wie die »Leidener Flasche« – von einem Moment zum anderen in unserem psychischen Raum platzen. Er ist eine psychische Geschwulst, die Verwirrung und Konflikt stiftet, wenn sie nicht aufgelöst wird. Es muß also nicht der Träger als solcher zerstört werden, sondern nur die kristallisierten Produkte, die sich in ihm angestaut haben und ihn beeinflussen und vergiften.

So wie der physische Körper Kristallisationen erzeugt, die sich mit der Zeit in Abfall umwandeln und beseitigt werden müssen, um das Blut nicht zu vergiften, so erzeugt auch der Verstand gewisse abstrakte-begriffliche Kristallisationen, die beseitigt werden müssen, um psychische Krankheiten zu vermeiden.

Das Individuum haftet leider ungeheuer stark – bis hin zur Erzeugung von wahrhaft anormalen oder schwer konfliktgeladenen Zuständen – an seinen gedanklichen Inhalten. Es lebt nie in der Gegenwart. Es lebt im Modergeruch seiner verwesten psychischen Kadaver mit seinen Erinnerungen aus der Vergangenheit. Das Bewußtsein des Wesens ist zwischen dem beherrschenden Gewicht von Millionen von vergangenen erstarrten Tagen und dem gegenwärtigen Moment, der sein wahrer Existenzzustand ist, zerrissen.

FRAGE Wäre dies eine Art von Reinigung auf einer tieferen Ebene?

RAPHAEL Genau. Der *Vedânta* beschreibt das Problem der Reinigung in Begriffen der Schwingung. Ein psychischer Inhalt, zum Beispiel Stolz oder das Gefühl von Getrenntsein, erzeugt einen gewissen Schwingungszustand in uns, der sich seinerseits mit anderen ähnlichen Zuständen in ein Gleichmaß bringt und sich somit verstärkt. Wir ziehen Schwingungen an, die unserer Schwingung entsprechen. Unser Haß zieht Haß an, unser Hochmut zieht Hochmut an etc. Wenn wir diesen elenden Teufelskreis durchbrechen wollen, müssen wir so schwingen, daß wir jene höheren Harmonien berühren, die den vom Ich bedingten Zustand transzendieren. All dies ist ein tiefgreifender alchimistischer Prozeß, der – abgesehen von der Kenntnis der Schwingungsgesetze – mit Intelligenz durchlaufen werden muß. In der Tat gibt es keine Idee, keinen Begriff und keinen Bewußtseinsinhalt, der nicht aus einer energetischen Schwingungsform resultiert. Die Ideen reisen auf Lichtharmonien. Das Wort ist schwingende Substanz. Eine Wesenheit, welcher Dimension sie auch angehören mag, ist eine schwingende Bewußtseinsmodalität. Jede Form ist eine energetische Wirkung-Bewegung, ein Rhythmus, eine Symphonie von Wellen aus Licht.

Ein Mineral, eine Pflanze, ein Tier, ein Stern, ein hübsches Gesicht oder eine schöne Blume, ein Lächeln oder der Blick eines Kindes – all dies ist nichts anderes als rhythmische Harmonie. Der perfekte Gleichklang der Schwingungen erzeugt diese Harmonie. Wie wir wissen, können wir die Liebe nicht allein durch das Aussprechen des Wortes »Liebe« entstehen lassen. Zuallererst müssen wir in uns selbst einen geeigneten Rhythmus oder einen entsprechenden Zustand der Harmonie erzeugen. Sich reinigen heißt, alle mißtönenden Schwingungen zu beseitigen. Das ist keine Frage der Moral, ganz im Gegenteil: Es bedeutet, sich mit dem universalen Klang Des Seins in Harmonie zu versetzen![6]

WIR SIND KINDER DES BEGEHRENS

FRAGE Ich frage mich, warum ich hier bin. Können Sie mir darauf antworten?

RAPHAEL Sie beziehen sich wahrscheinlich auf diese Existenzebene? Lassen Sie uns gemeinsam über die Frage diskutieren.
Bei der Betrachtung Ihres bisherigen Lebens können Sie sich fragen, was Sie beinflußt und zum Handeln bewegt hat.

FRAGE Im Moment fällt mir nichts dazu ein.

RAPHAEL Ich helfe Ihnen: Was machen Sie beruflich?

FRAGE Ich bin Büroangestellter ...

RAPHAEL Gut! Gab es einmal eine Zeit, in der Sie das Bedürfnis hatten, in Ihrem Arbeitsbereich, *jemand Wichtiges* zu sein?

FRAGE Ja, ich hatte den ganz natürlichen Wunsch, Karriere zu machen.

RAPHAEL Nun, zu jener Zeit lebten Sie, um diesen Wunsch zu befriedigen, um einen Ihrer Träume zu erfüllen, um eines Ihrer Ideale zu verwirklichen.

FRAGE Genau, dafür lebte ich.

RAPHAEL Daher waren Sie während dieser Lebensphase dazu gezwungen, unter dem Druck eines speziellen Bedürfnisses nach Macht, Ansehen, wirtschaftlicher Verbesserung etc. zu handeln. Nehmen wir eine andere Zeitspanne Ihres Lebens. Haben Sie Familie?

FRAGE Ja. Ich bin verheiratet und habe zwei Kinder.

RAPHAEL Hier haben wir eine Lebensphase, die durch das Begehren nach Familie, nach einer Lebensgefährtin, nach Kindern etc. charakterisiert ist, durch das Begehren, der Einsamkeit zu entfliehen. Dies bedeutet die Befriedigung einer unserer Ansprüche auf Besitz, Zuneigung und auf Befriedigung des Ichs. Wir könnten das fortsetzen, aber lassen Sie uns erst einmal hier stehenbleiben.

Wozu also leben wir in diesem planetarischen Bewußtheitszustand? Um unsere sinnlichen Bedürfnisse zu befriedigen, um unsere Ideale zu verwirklichen, um materielle, intellektuelle, spirituelle Güter zu genießen? Wir sind hier, um unser Bedürfnis nach Stolz, Ansehen, Macht etc. zu veräußerlichen. Sie befinden sich hier, um unbestimmte Begierden – gute oder schlechte, mehr oder weniger erhabene, altruistische oder egoistische und so weiter – zu befriedigen. Wir sind Kinder des Begehrens und werden erst dann frei sein, wenn das Begehren verschwunden ist.

FRAGE Ist es denn möglich, ohne Begehren zu leben?

RAPHAEL Ich könnte Ihnen antworten, daß Sie das selbst ausprobieren müssen. Schließlich besteht Die Verwirklichung nicht nur darin, einfach darüber zu reden. Anderseits könnten wir uns fragen, ob es eine Bewußtseinsmodalität ohne Begehren, einen Zustand Der Erfüllung, Der Absolutheit, der Objektlosen Freude, der Bewegung um die eigene Achse gibt oder ob wir dazu bestimmt sind, ewig und ausweglos in Konflikt und Schmerz zu leben. In diesem Fall würde wahrscheinlich der Selbstmord das Problem lösen.

FRAGE Ich habe festgestellt, daß das Begehren immer dual ist.

RAPHAEL Wo ein Begehren ist, ist auch das Objekt des Begehrens, eine elliptische Bewegung um eine Ereignis-Größe; aber die Dualität bedeutet Unvollständigkeit.

FRAGE Hat sich Buddha auf das bezogen, was wir gerade besprechen?

RAPHAEL Die östliche Philosophie beschäftigt sich ausführlich mit dem Konflikt und dem menschlichen Leid. Wo kommen sie her? Wie kann ein Konflikt beseitigt werden? Wie müßte der Mensch leben, um mit sich selbst, mit seinesgleichen und mit der Natur in Einklang zu sein?

Die Beantwortung dieser Fragen birgt die Lösung der Probleme des Individuums. Das ist Lebensphilosophie. Sich durch direkte Erfahrung an solch einer Philosophie zu messen bedeutet, sich selbst zu verwirklichen.

Die Philosophie des Ostens ist praktifizierbar und empirisch, so wie der Verwirklichungsprozeß praktifizierbar und empirisch ist. Das Ergebnis ist Metaphysik.

In Seiner Erleuchtung hat Buddha entdeckt, daß das samsarische Leben von Konflikt und Schmerz durchdrungen ist. Die Vier Edlen Wahrheiten handeln vom Leid, vom Ursprung des Leids, von der Beseitigung des Leids sowie von dem Weg, der zur Auflösung des Leids oder des Konflikts führt. Der Ursprung des Leids ist für Buddha der Drang nach Lust-Genuß, das Begehren, *dieser* oder *jener* zu sein, die Gier, gewisse duale Erfahrungen zu machen. Das *nirvâna* repräsentiert die *pax profunda*, Die Vollkommenheit, Die Fülle, die Bewegung um die eigene Achse und die Begierdelose Freude. Aber im *nirvâna* existiert jenes egoistische, besitzergreifende und samsarische Ich natürlich nicht mehr, wohl aber Das Selbst, Das Leben als solches ohne irgendeinen Namen und eigenschaftslos.

Hat nicht Christus selbst Die Liebe enthüllt, die Begierdelose Freude ist?

FRAGE Gibt es also keine Freude im Menschen?

RAPHAEL Wenn der Schmerz existiert, muß auch die Freude existieren. Es liegt an Ihnen, herauszufinden, wo und wie man den Schmerz oder die Freude erfahren kann.

FRAGE Den Schmerz braucht man nicht entdecken, der kommt leider ganz von alleine ...

RAPHAEL Was aber die Freude betrifft, sind Sie nicht so sicher und wissen weder, wo Sie sie finden noch wie Sie sie festhalten können. Stimmt's?

FRAGE Manchmal habe ich sie erlebt, aber sie ist so geizig!

RAPHAEL Es kann aber auch sein, daß es nur eine Sinnesfreude war, die zur Krönung irgendeines Begehrens gehörte: Wenn wir genießen, sind wir glücklich. Ich spreche aber nicht von diesem durch die Sinnesorgane erfahrenen flüchtigen Glück. Ich spreche von Der Freude, die nichts begehrt.

FRAGE Wollen Sie mir ein Beispiel geben?

RAPHAEL Ich bitte Sie, lassen Sie uns wieder zur rechten Aufmerksamkeit zurückkehren. Hier auf dem Tisch sehen Sie meine Aktentasche. Ich glaube, daß Sie in diesem Moment keinerlei Verlangen nach ihr haben. Sie sehen sie, Sie können sie auch anfassen, aber Sie empfangen keinerlei Reiz, *der Ihr Bewußtsein* verändert. Kurz, diese Aktentasche ruft keinerlei Reaktion in Ihnen hervor. Sie sind zufrieden in Ihrem momentanen Schwingungszustand und verlassen Ihren psychischen Raum nicht, um eine Handlung, eine elliptische Bewegung, eine gedankliche Veränderung vorzunehmen. Man kann also sagen, daß Sie bezüglich dieses Objekts in Ihrer Erfülltheit verweilen, nicht wahr?

FRAGE Richtig. Dieses Objekt kann mein Bewußtsein weder durch Anziehung noch durch Abneigung beeinflußen. Ich empfinde keinerlei Gefühl. Ich bleibe ihm gegenüber gelassen.

RAPHAEL Also, obwohl Sie ein Objekt vor sich haben, bleiben Sie in tiefem Frieden, in »göttlichem Gleichmut«. Übertragen Sie diesen Zustand jetzt auf alle Objekte – inklusive Neid, Konkurrenzkampf, Unterscheidung etc. – die das materielle Leben auf diesem Planeten bieten kann.

FRAGE Ist das der Zustand Des Befreiten?

RAPHAEL So wie elementare Teilchen, wie zum Beispiel das Neutrino, im elektromagnetischen Feld des Atoms ein- und austreten, ohne irgendeiner Veränderung – also weder Anziehung noch Abstoßung – zu unterliegen, so gibt es Persönlichkeiten, die im elektromagnetischen Feld des Menschen ein- und austreten, ohne dabei Veränderungen zu erfahren. Der *Vedânta* nennt diese Individuen Befreite, Erweckte, Lebend Verwirklichte oder *jîvanmukta*.

FRAGE Muß man, um ein Befreiter zu werden, einfach jedes Begehren beseitigen?

RAPHAEL Sie drücken sich so aus, als sei es leicht, sich vom Leben des Ichs und seiner Eigenschaften zu verabschieden.

FRAGE (wendet sich an den vorigen Fragesteller) Sie behaupten, daß man sich befreit, indem man alle Begierden beseitigt. Ich halte diese chirurgische Operation für wahrhaft wirkungsvoll. Sie entspricht der Amputation eines Beins, um den Schmerz des Patienten zu beseitigen.

RAPHAEL Erkennen Sie, daß das Begehren die Ursache des menschlichen Konflikts ist, das Nicht-Haben-Können dessen, was man will?

FRAGE Es ist das Interesse an etwas.

RAPHAEL Interesse an etwas, Begehren und Verlangen nach materiellen, intellektuellen oder spirituellen Objekten-Ereignissen. Das Begehren äußert sich auf tausenderlei Art, angefangen bei einem einfachen und elementaren, wie zum Beispiel dem Wunsch nach einem Kinderspielzeug bis hin zu etwas Raffinierterem, wie zum Beispiel dem Begehren nach spirituellen Reichtümern.

FRAGE Wie kann ich das Begehren beseitigen?

RAPHAEL Wollen wir dieses Problem gemeinsam angehen?

Wir könnten das Begehren unterdrücken: Das wäre die Amputation, von der Sie eben gesprochen haben. Inzwischen ist bekannt, daß keinerlei Form des Unterdrückens Probleme lösen kann. Außerdem stellt das Unterdrücken einen Widersinn dar, solange die *Wurzeln* der Begierde bestehen bleiben. Wir könnten alle Objekte, die Begehren hervorrufen, beseitigen, amputieren, so daß sich diese, da sie keinen äußeren Anreiz mehr haben, nicht äußern könnten. Im Grunde genommen wäre dies eine weitere Form der Unterdrückung, eine Zwangshandlung, die nicht mehr auf das Subjekt, sondern auf das Objekt bezogen ist. Wie wir bereits gesehen haben, beeinflußt uns nicht das äußere oder innere Objekt, sondern unsere *Reaktion* darauf. Es gibt noch ein anderes Mittel: Man könnte das Denken so stark unterdrücken, daß das Gefühl oder das Begehren auf der bewußten Ebene nicht mehr wahrgenommen werden würde, da man ja nicht mehr denkt. Das ist jedoch eine Notlösung, die nicht von Dauer ist, da das Gefühl sofort wieder auftaucht, sobald man von neuem zu denken beginnt.

Darüber hinaus gibt es die Methode der Flucht in sportliche Betätigung, Sex, Unterhaltung oder in die Beschäftigung mit frommen oder verdienstvollen Werken, das heißt, daß man zum Beispiel herumzieht, um über die eigene Flucht und Unerfülltheit zu predigen.

Wir dürfen das Begehren weder unterdrücken, vermeiden noch töten. Es geht auch nicht darum, es zum Schweigen zu bringen oder ihm mehr oder weniger harmlose und moralisch höher stehende Ausflüchte zu bieten. Statt dessen müssen wir es *auflösen*. Wie Sie sehen, sieht unser Problem ganz anders aus.

Die Auflösung irgendeines Problems bedeutet, es zu beseitigen. Wir wissen bereits, daß es nur eine Möglichkeit gibt, eine Gegebenheit aufzulösen: Wir müssen sie verstehen, nicht wahr? Wenn wir das Begehren verstehen, wenn wir diese Energie verfolgen, die entsteht, wächst und uns in Konflikte stürzt, wenn wir seine wahre Bewegung verstehen, werden wir von der Begrenzung und Sklaverei befreit sein. Und dort, wo Verständnis herrscht, kann weder Unterdrückung noch Flucht oder irgend etwas anderes sein.

FRAGE Denken Sie, daß wir dieses Problem lösen können, wenn wir das Begehren verstehen?

RAPHAEL Mein lieber Bruder, nur durch das Verständnis unserer eigenen Bewegung können wir uns transzendieren. Nur wenn wir den Ursprung des Konflikts verstehen, das heißt, die Dualität, können wir unsere Vollkommenheit erlangen.

FRAGE Brauche ich Einen Meister, um mich verstehen zu lernen?

RAPHAEL Sie brauchen nur ein Herz, das sich selbst zu enthüllen weiß, ein Herz, das aufgehört hat, Dinge zu begehren, mögen sie noch so schön, erhaben oder spirituell sein, ein Herz, das die Objektfreie Ruhe wiedergewonnen hat. Jedes menschliche Wesen kann einem anderen dabei helfen, aber die wirkliche Auflösung unserer Unvollkommenheit müssen wir selbst in Angriff nehmen und verwirklichen.

FRAGE Wie kann man dieses Verständnis erlangen?

RAPHAEL Durch die Unterscheidung zwischen wirklich und unwirklich, *noumenon* und Phänomen, Selbst und Nicht-Selbst. Der Weg des *jñâni* besteht aber nicht nur aus philosophischen Deduktionen und Induktionen, sondern stellt lediglich eine Erkenntnismodalität dar, um die Begriffe und Erscheinungen, die Die Wirklichkeit überlagern, zu beseitigen.

FRAGE Indem man, anders gesagt, jene Idee der Schlange beseitigt, die das Seil überlagert?

RAPHAEL Shankara führt dieses Beispiel an, um den Mechanismus der gedanklichen Projektion verständlicher zu machen. Das haben wir vorher schon besprochen.

తో

RAPHAEL Wir nehmen unser Gespräch wieder auf und hoffen, daß es uns zu einem größeren Verständnis unseres Selbst führen wird.

Bitte betrachten Sie unsere Gespräche als Anregung. Sie erfordern eine Aufmerksamkeit des Bewußtseins, die ihrerseits die Wahrheit enthüllen kann, die im Inneren unserer Herzen wohnt.

Ich persönlich bin nicht der Verwahrer Der Wahrheit. Außerdem würde ich es nicht wagen, eine missionarische oder apostolische Position zu vertreten. Die Wahrheit braucht keine Ausrufer. Sie ist da, sie ist immer dagewesen, und sie wird immer da sein, an jedem Ort und zu jeder Zeit. Sie enthüllt sich bei richtiger Unterscheidung und intelligentem Nachdenken von selbst. Die Wahrheit kann weder in ein Schema, in eine Lehre, in ein philosophisches »System« gepreßt werden, noch kann sie verschenkt werden, als handle es sich um eine Schachtel Pralinen. Sie offenbart sich demjenigen, der sie *liebt*. Aber der Mensch liebt Die Wahrheit nicht. Statt dessen hängt er an der Gelehrsamkeit seines Verstandes, am eigenen Ich mit seinen unbestimmten Inhalten, am Leben der sich verändernden und fließenden Formen, am Status der materiellen und spirituellen Macht und am eigenen Seelenheil, solange es von anderen herbeigeführt und ihm geschenkt wird.

Wenn wir verstehen, daß unsere Vergangenheit, die aus Stolz, Hochmut, Getrenntsein, Egoismus und den irdischen und spirituellen Wünschen besteht, nicht Die Wahrheit ist, wenn wir entdecken, daß Die Wahrheit etwas Unschuldiges, Essentielles und Einfaches ist, das in jedem Lebensausdruck wohnt, werden wir all das, was unser Verstand bisher angesammelt hat, mit großer Demut verbannen können.

Die Liebe enthüllt die Wirklichkeit, und die Wirklichkeit ist von Liebe durchdrungen. Verstehen ist Lieben, und die Liebe lebt in denen, die im Herzen rein sind und sich Dem Leben zuwenden und nicht den Objekten, die uns gefangennehmen, gierig und zu Sklaven machen.

DIE ABSOLUTE WIRKLICHKEIT

FRAGE Wir haben oft über Das Absolute, das Wirkliche und die Wahrheit gesprochen. Aber was ist eigentlich die Wirklichkeit?

RAPHAEL Wie ich sehe, dringen Sie gleich zum Kern des Problems vor. Fragen Sie aus purer Neugierde oder aus einem Verlangen heraus, das aus dem Innern Ihres Wesens kommt? Bloße Neugierde hat noch nie die Geheimnisse des Lebens enthüllen können.

FRAGE Es ist keine Neugierde. Ich habe mich immer gefragt, was die Wirklichkeit ist. Aber ich habe sie in den vielen – auch spirituellen – Büchern, die ich gelesen habe, nicht gefunden. Wahrscheinlich bin ich in die falsche Richtung gegangen.

RAPHAEL Wenn Sie mehr über die unbegrenzten Möglichkeiten der Welt der Namen und der Formen wissen wollen, sollten Sie bestimmte Bücher lesen: Da gibt es viele interessante Schriften, die durchaus von Nutzen sind. Sie erläutern die Vielfältigkeit des formalen Lebens auf jeder manifesten Ebene, das, was die niedrigen, höheren und göttlichen Wesenheiten sind, die Verkettung der kosmischen Energien und die Möglichkeit, mit ihnen in Kontakt zu treten. Aber das ist nicht Die Wirklichkeit. Die befindet sich hinter diesem ganzen Szenarium oder grandiosen Lebensschauspiel. Sie wird nicht in Büchern beschrieben, sondern von einem Herzen enthüllt, das sich zu befragen und zu verstehen weiß. Die Wirklichkeit ist nicht eine Idee, ein Begriff oder eine moralische Behauptung. Man kann sie nicht mit dem physischen Gehör oder der Netzhaut des Auges wahrnehmen.

Lassen Sie uns nun ein paar grundlegende Prinzipien festhalten.

Dazu lese ich Ihnen einen Abschnitt aus der *Wissenschaftlichen Autobiographie* von Max Planck, dem Nobelpreisträger der Physik, vor:

»Gleich am Anfang meiner Lebensdarstellung habe ich betont, daß das Suchen nach dem *Absoluten* mir als die schönste wissenschaftliche Aufgabe erscheint. Man könnte darin einen Widerspruch gegenüber meinem Interesse für die Relativitätstheorie erblicken. Diese Mutmaßung beruht auf einem grundsätzlichen Irrtum. Denn alles Relative setzt etwas *Absolutes* voraus, es hat nur dann einen Sinn, wenn ihm ein *Absolutes* gegenübersteht. Der oft gehörte Satz 'Alles ist relativ' ist ebenso irreführend wie gedankenlos. So liegt auch der sogenannten Relativitätstheorie etwas *Absolutes* zugrunde, nämlich die Maßbestimmung des Raum-Zeitkontinuums, und es ist gerade eine besonders reizvolle Aufgabe, das *Absolute* ausfindig zu machen, welches einem vorliegenden Relativen erst seinen Sinn verleiht.

Ausgehen können wir immer nur vom Relativen. Alle unsere Messungen sind relativer Art. Das Material der Instrumente, mit denen wir arbeiten, ist bedingt durch den

Fundort, von dem es stammt, ihre Konstruktion ist bedingt durch die Geschicklichkeit des Technikers, der sie ersonnen hat, ihre Handhabung ist bedingt durch die speziellen Zwecke, die der Experimentator mit ihnen erreichen will. Aus allen diesen Daten gilt es, *das Absolute, Allgemeingültige, Invariante* herauszufinden, was in ihnen steckt.«[7]

Diese Anschauung ist in ihrer Essenz metaphysisch, und wir wollen heute abend versuchen, sie gemeinsam zu verstehen. Wenn wir von etwas Wirklichem sprechen, identifizieren wir es, ohne es zu merken, mit »etwas« Absolutem, ewig Gültigem, das unabhängig von jeder Bestimmung ist, mit etwas, das von nichts abhängig sein darf als von sich selbst. Wenn eine Gegebenheit absolut ist, muß sie ein unabhängiges Leben, ein Leben für sich, außerhalb jeder anderen Gegebenheit haben. Ob andere Gegebenheiten existieren oder nicht existieren, hat für die, welche wir in Betracht gezogen haben, keinerlei Bedeutung, weil sie – wie gesagt – als unabhängige, unveränderliche Absolute Wirklichkeit existiert.

Wenn diese Gegebenheit jedoch kein unabhängiges, ihr innewohnendes Leben, kein unveränderliches Leben an sich hat, heißt das, daß ihre Existenz einer anderen Gegebenheit untergeordnet ist und daß letztere dazu beiträgt, sie zu beleben und ihr einen Namen zu geben. In diesem Fall ist sie keine Absolute Wirklichkeit, weil sie sich als relative, unwesentliche, vorübergehende Erscheinung darstellt.

Eine Wirklichkeit ist nur dann Eine Wirklichkeit, wenn sie nicht von anderen Wirklichkeiten abhängig ist. Wenn wir diesen Satz für gültig erklären, können wir mit dem Schwert der Unterscheidung all das beseitigen, was ihm nicht entspricht. Das vedantische »*neti, neti*« (»Nicht dies, nicht das«) bezieht sich auf diese Art des Vorgehens. So haben wir also zuallererst die Bewußtseinsnahme eines »absoluten Werts«, dann die auf Erkenntnis basierende Unterscheidung, um das zu verwerfen, was jenem Wert nicht entspricht, und schließlich eine Annäherung, oder besser gesagt, ein *Hineinfallen in etwas*, dessen Natur Die Stille ist. Jede Kosmogonie bezieht sich auf die objektive Manifestation, die substantielle Gegebenheit, sprich: auf die Welt der Namen und der Formen, während sich die Metaphysik auf Die Essenz bezieht, auf das Unveränderliche Absolute, Das Prinzip ohne Anfang und Ende, daher ohne Zeit und Raum, jenseits von jeder Dualität. Diese Unterscheidung ist wichtig, da es Lehren gibt, die von der Manifestation (der Welt der Namen und der Formen) handeln, während andere es wagen, darüber hinaus zu gehen und sie zu transzendieren. Hier liegt die Wurzel vieler Mißverständnisse und unnötiger und kindischer Polemiken zwischen den Anhängern der beiden Ansichten. Der Verwirklichte jedenfalls hat beide Lehren überschritten und befindet sich auf der Ebene des *kaivalya*, der Allumfassenden Stille.

Was ist also Die Wirklichkeit? Da sie nicht gedacht werden kann – sonst würden wir nur ein gedankliches Bild der Wirklichkeit erzeugen – muß sie verwirklicht werden. Und um sie zu verwirklichen, müssen wir uns umformen. Der Wert unserer Wahrnehmung muß eingehend überprüft werden. Wenn wir das, was nicht wirklich ist, aus dem Bereich unseres Bewußtseins beseitigen, werden wir verstehen, was Die Wirklichkeit ist, und nur so werden wir Die Wirklichkeit *sein*.[8]

FRAGE Wie kann ich mich, der ich doch relativ bin, als Absolutes sehen?

RAPHAEL Halten Sie Ihre Relativität für absolut oder relativ? Wenn sie absolut ist, haben wir zwei Absolute. Wenn sie relativ ist, dann muß sie als solche von etwas anderem abhängig sein, das Sie offensichtlich suchen und beweisen müssen.

FRAGE Ich versuche, mich klarer auszudrücken: Mein Verstand begreift nicht, daß ich ein Absolutes sein soll.

RAPHAEL Es muß so sein, da der Verstand relativ ist. Wenn Sie Ihren Verstand fragen, wird er Ihnen sagen, daß Sie kontingent sind. Wenn Sie aber Ihr Herz fragen, erhalten Sie eine völlig andere Antwort. Die ganze Menschheit verhält sich so, als würde sie ewig leben. Das entspringt einem zutiefst unbewußten Absolutheitsinstinkt.

FRAGE Nach unserer Definition der Absoluten Wirklichkeit muß ich schließen, daß alles, was mich umgibt, relativ ist. Dann frage ich mich, warum ich mit meiner Familie in dieser nicht-wirklichen Existenz lebe und arbeite. Was würde aus unserem Planeten Erde werden, wenn alle Menschen dieses Leben aufgeben würden?

RAPHAEL Der erste Teil Ihrer Frage kann folgendermaßen beantwortet werden: Dort, wo Überlagerung, Veränderung, Geburt, Entwicklung, Reife und Tod ist, herrscht Unvollkommenheit, Erscheinung, Relativität und Konflikt. Das ist eine Erfahrungstatsache.

Der zweite Teil der Frage ist schlecht formuliert. Die Wahrheit berücksichtigt nicht die Problematik des empirischen Ichs und seines speziellen Existenzbereichs.

FRAGE Kann ich im Relativen leben, ohne in Konflikt zu geraten? Ist das möglich?

RAPHAEL Um es klar zu stellen: In Bezug auf die Letzte Wirklichkeit ist das Relative relativ. Der Konflikt entsteht nur dann, wenn wir das Relative für absolut halten und uns mit ihm identifizieren, anders gesagt, wenn wir die Schlange für das Seil halten. Wir drehen uns mit dem Rücken zum Licht und nehmen nur die Schatten der Gegenstände wahr, die wir aber für wirklich halten. Dies hat Platon schon gesagt.[9] Die Identifizierung mit dem, was man nicht ist, führt früher oder später zum Konflikt.

FRAGE Warum dieser Gegensatz zwischen Relativem und Absolutem? Ist dies nicht auch eine Dualität, die überwunden werden sollte?

RAPHAEL Die Dualität existiert dann, wenn wir das Relative verabsolutieren wollen, was wir gewöhnlich dann tun, wenn wir vom empirischen Standpunkt ausgehen. Wenn wir behaupten, daß eine Gegebenheit relativ ist, bedeutet das, daß wir uns nur vor einer Erscheinung befinden, die nicht absolut ist. Wenn Sie träumen, machen Sie nichts anderes, als relative Gegebenheiten zu projizieren, die verschwinden, sobald Sie aufwachen. Der Traum überlagert Ihre Seinswirklichkeit, die jedoch nicht der Traum ist. Das Sein bleibt bestehen, der Träumer existierte vor dem Traum und existiert auch nach dem Traum weiter. Die Welt der Namen und der Formen entsteht, wächst und verschwindet, aber Das Absolute, Das Unveränderliche, Das Konstante, jenes, das weder Geburt noch Tod kennt, bleibt immer bestehen. Die Wirklichkeit ist jenseits von jedem Dualismus.

FRAGE Ist das Leben, das wir leben, also ein Traum?

RAPHAEL Für denjenigen, der sich mit dem Leben identifiziert, kann es kein Traum sein. Ihr nächtlicher Traum ist ziemlich real, weil Sie leiden, sich freuen, handeln, begeistert sind, hassen und lieben. Wie kann er also eine Einbildung sein? Erst beim Aufwachen und vom *Standpunkt des Wachzustandes* aus werden Sie feststellen können, geträumt zu haben, nicht eher.

FRAGE Also träume ich sogar im Wachzustand und merke es nicht einmal? All dies ist mir neu, es ist amüsant, aber gleichzeitig beunruhigend und dramatisch.

RAPHAEL Was haben Sie bis heute anderes gemacht, als Ihren Träumen und Idealen zu folgen? Als Sie jung waren, haben Sie nichts anderes gemacht, als zu träumen und sich vorzustellen, »dieser« oder »jener« zu sein, heute haben Sie schon einen Großteil Ihres Traums durchlebt, und später werden Sie ihn sicherlich loslassen müssen. Jedes menschliche Wesen spielt seine mehr oder weniger bescheidene Rolle, die von seinem Verstand projiziert wird. Wenn auf der Bühne des Lebens alle »Rollen ausgespielt« sind, ist Der Wiedererweckte da, der die Wahrheit über das Schauspiel und über den Zuschauer-Schauspieler herausgefunden hat.

Ich möchte noch einmal betonen, daß die Gesamtheit des empirischen Lebens eine Traum-Überlagerung *nur* unter dem ontologischen Aspekt ist; ebenso handelt es sich *nur* dann um einen nächtlichen Traum, wenn man ihn vom Standpunkt des Wachzustandes aus betrachtet.

FRAGE Heißt das, daß keine unserer Wahrnehmungen wirklich ist? Ist dieser Stuhl neben mir, den ich wahrnehme, ein Traum? Ist alles, was die Wissenschaft entdeckt, unwirklich?

RAPHAEL Auch im Traum nehmen Sie den Stuhl wahr und benützen ihn, und solange Sie träumen, ist jener Stuhl zweifellos real. Die sinnliche Wahrnehmung hat aber nichts Definitives, Vollkommenes und Absolutes.

Außerdem ist der Begriff Stuhl in unserem Fall nur eine Vorstellung, die willkürlich erzeugt worden ist. Die materielle *Wahrheit* des Stuhls ist das begriffliche Ergebnis einer Gegebenheit, die als kristallisiert, unbeweglich und kompakt betrachtet wird. Der Begriff, den ein Atomphysiker von Materie hat, ist jedoch ein ganz anderer. Für ihn gibt es nichts Kompaktes und Definitives. Jedes Ding *wird*, und da es wird, kann man es nicht begrifflich machen und fixieren. Wie können wir das Werden anhalten? Sie haben einen anderen Wahrnehmungsbegriff der Materie als jener Physiker, weil Sie beide sich auf einem Segment eines Erkenntniskreises befinden, der innerhalb gewisser Grenzen geschlossen ist. Die Erkenntnis aber muß von Einem Zentrum, Einem *Punkt* ausgehen, der seinen Platz weder in einer persönlichen, individuellen noch universellen (im Gegensatz zur speziellen) Ordnung hat. Nur in dieser Sphäre einer nicht partiellen, sondern *ganzheitlichen* Existenz können wir Die Ganzheit verstehen.

Vom metaphysischen Standpunkt aus ist der Stein, den der Wissenschaftler untersucht, nichts anderes als ein *Blitz*: Bevor er ihn noch bestimmen kann, gleitet er ihm schon wieder aus den Händen. Die materiellen Formen verschwinden ins Formlose. Selbst Ihr physischer Körper, den Sie wahrnehmen und gebrauchen, stellt einen Blitz im kontinuierlichen Fluß der Zeit und des Werdens dar. Ich bitte Sie jedoch zu bedenken, daß solch ein Blitz keine Illusion ist.

Keine Erscheinung ist eine Illusion in dem Sinn, den ihr der Westen gibt. Und das Werden ist nur dann ein Werden, wenn es auf ein *Zentrum*, das nicht wird, das außerhalb der Zeit steht, bezogen wird. Unser Bewußtsein fließt leider durch die Kraft des Werdens und der Zeit und identifiziert sich ohne Unterlaß mit ihnen. Daher unterliegt es dem Geschehen, ohne es zu verstehen. Die Wahrnehmung verfälscht Die Wirklichkeit. Sie gibt uns den Sinn für Zeit, Raum und Kausalität, Bewegung und Entwicklung. Wir müssen aufmerksam prüfen, ob diese Wahrnehmung im rechten Verhältnis steht und zur richtigen Erkenntnis fähig ist. Wir müssen lernen, selbständig und verhaftungslos zu handeln. Wir müssen die Metaphysische Bewegungslosigkeit verwirklichen, aus der heraus die ständige Veränderung der Natur verstanden werden kann, um nie wieder von ihr behindert oder mitgerissen zu werden.

FRAGE Ist das alles nicht ein purer Nihilismus?

RAPHAEL Wenn wir es nicht positiv bewerten würden oder Das Absolute nicht als solches anerkennen würden, hätten Sie recht. Das Absolute ist jedoch die einzig Wirkliche Essenz, die Einzige Wahrheit, die diesen Namen verdient, und Dieses Absolute sind wir selbst. Das ist das Gegenteil von Nihilismus. Die Tatsache, daß die relative Erscheinung verschwindet, ist nicht unsere philosophische Mutmaßung, sondern eine Tatsache, die offensichtlich für sich selbst steht. Die Wissenschaft sagt, daß unser Planet eine Lebensdauer von nur wenigen Milliarden Jahren hat. Erinnern wir uns noch einmal daran, daß wir die Frage nicht auf empirische, religiöse oder okkultistische Weise betrachten, sondern vom Standpunkt der Metaphysischen Verwirklichung aus.

FRAGE Im Grunde genommen habe ich nichts dagegen, in einem angenehmen Traum zu leben. Warum sollte ich darauf verzichten?

RAPHAEL Wo das Schöne ist, ist auch das Häßliche, wo die Lust ist, ist auch der Schmerz, wo das Licht ist, ist auch die Dunkelheit. Begierig sucht das Individuum, das eine zu ergreifen und festzuhalten und das andere schnellstmöglich wieder loszuwerden, und das ist unmöglich. Die Dualität ist eine Münze mit zwei Seiten, die nicht voneinander getrennt werden können.

EVOLUTIONISMUS

FRAGE Wenn ich über das, was wir gesagt haben, nachdenke, muß ich den Begriff der Evolution über Bord werfen. Heutzutage repräsentiert die Evolution den Angelpunkt vieler – sogar spiritueller – Wissenschaften. Was können Sie mir diesbezüglich sagen?

RAPHAEL Was verstehen Sie unter der Evolution? Das ist der Punkt.[10]

FRAGE Daß die Manifestation von einem Stadium in ein anderes, fortgeschritteneres bis hin zur abschließenden Perfektion übergeht.

RAPHAEL Wenn ich mich nicht irre, wollen Sie behaupten, daß ein »Nicht-Perfektes« ein »Perfektes« , ein »Weniger« ein »Mehr«, ein »Nicht-Gott« ein »Gott« werden kann. Von einem metaphysischen Standpunkt aus ist dies nicht möglich. Die Blume ist insofern eine Blume, als sie *schon* im Samen enthalten ist, ansonsten könnte sie sich nicht als Blume offenbaren. Die gesamte Manifestation ist »ein auseinandergerissenes Buch« , sagt Der Dichter (Dante). Darüber hinaus setzt der Begriff des Werdens die Zeit voraus, und diese ist nur ein gedankliches Gebilde, das keine ontologische Wirklichkeit hat. Im Geist Gottes ist alles vollendet und gegenwärtig. Unser von der *mâyâ* verhülltes Bewußtsein ist es, dem es nicht gelingt, Das Ganze zu erfassen. Der Wahrhaft Wiedererweckte sieht das Ende von Anfang an.

FRAGE Habe ich mich also seit meiner Geburt nicht entwickelt? Und entwickle ich mich nicht weiter? Mein Verstand kann das Konzept der Nicht-Evolution nicht begreifen.

RAPHAEL Eigentlich entwickeln Sie sich nicht, sondern *enthüllen* lediglich das, was in Ihrem Embryo eingeschlossen war. Die ganze Menschheit enthüllt nur das, was sie im Inneren des Herzens potentiell schon immer besessen hat.

FRAGE Was muß ich also tun, um mich zu entwickeln, ich meine, um mich zu verwirklichen?

RAPHAEL Um sich zu entwickeln, müssen Sie nichts tun. Um sich zu verwirklichen, müssen Sie sich verstehen und zu dem wiedererwachen, was Sie schon immer gewesen sind und was Sie immer sein werden.

FRAGE Kann ich mich in diesem Leben verwirklichen, oder muß ich viele Male wiedergeboren werden?

RAPHAEL Da wir das Bedingungslose Selbst schon sind, können wir in jedem Moment und an jedem Ort unsere Wahre Seinsnatur wieder aufnehmen.

FRAGE Wie kommt es, daß viele Leute sterben, ohne zur Verwirklichung gelangt zu sein?

RAPHAEL Was ist das, was stirbt und was geboren wird?

Die unterbewußten Inhalte des Ichs sind so zahlreich und mächtig, daß sie bei der Bewußtseinsnahme Des Selbst ein Hindernis darstellen. Die Verwirklichung liegt nah oder fern – je nach den Hindernissen, die sich dazwischen stellen.

FRAGE Es gibt spirituelle Theorien, die lehren, daß man nur in einem sehr weit in der Zukunft liegenden Zyklus die letzte Perfektion verwirklichen kann. Was sagen Sie dazu?

RAPHAEL Die Verwirklichung hängt nicht von zeitlichen Bedingungen ab. Die Zeit ist, wie wir gesehen haben, ein Gedankengebilde. Die Perfektion existiert – so wie sie immer existiert hat – schon jetzt. Sie ist in uns, mit uns und bei uns. In ihr bewegen wir uns, leben und sind wir.

FRAGE Können wir Das Absolute erfassen und damit die höchsten Weihen erhalten, während wir auf diesem Planeten leben? Man hat mir gesagt, daß man Die Perfektion erst auf anderen Planeten erlangt.

RAPHAEL Das Absolute existiert auf Erden, im Himmel und an jedem Ort. Wenn unser Planet nicht auf Dem Absoluten basieren würde, würde er ein Absolutes an sich werden, das im Gegensatz zu jenem Einen Wirklichen-Absoluten stünde. Es kann aber nicht zwei Absolute geben. Sie selber könnten ohne diese Absolutheit in sich gar nicht leben; ein empirisches Relatives existiert nur auf der Grundlage Des Absoluten. Außerdem hängt Die Verwirklichung, da sie nicht von der Zeit abhängt, offensichtlich auch nicht vom Raum ab. Raum und Zeit sind Gedankengebilde, logische Formen-Bilder, die der Verstand braucht, da er die Ewige Gegenwart und Das Unendliche nicht erfassen kann.

FRAGE Es gibt jedoch höher entwickelte Planeten, auf denen man entsprechende Erfahrungen machen kann.

RAPHAEL Warum treffen wir diese planetarische oder kosmische Unterscheidung? Unser Sonnensystem ist nur ein *Teil* der gesamten Galaxis. Der Gang von einem Teil zu einem anderen ist nichts außergewöhnliches. Es gibt nur ein Leben. Das Unterscheiden und Differenzieren gehört einem trennenden und unterscheidenden Verstand an, der teilen, zerlegen und spalten muß, um ein Körnchen Wahrheit erfassen zu können. Dabei verliert er jedoch die Synthese und Einheit aus den Augen. Der Verstand ist Zeit-Raum-Kausalität.

DER MEISTER

FRAGE Wie kann ich Den Meister oder Den *guru* finden? Ich
sehe, daß viele Menschen auf diese Begegnung warten.
Daher halte ich sie für notwendig. Können Sie mir einen
Weg weisen? Oder wollen Sie mein Meister werden?

RAPHAEL Ziel des Lebens ist nicht die Suche nach Einem
Meister, sondern die Suche nach Der Wahrheit. Wenn Sie
Die Wahrheit mehr lieben als Ihr Ich, werden Sie Ihrem *guru*
begegnen. Der ein Buch sein kann, ein Freund, oder besser
noch Ihr eigenes Selbst, das Der Meister im Herzen ist.

FRAGE Aber es existiert doch eine Hierarchie von Meistern, die
man suchen und denen man dienen soll.

RAPHAEL Sie brauchen nur Der Wahrheit zu dienen. Und die
wohnt nicht nur in Den Meistern, sondern in den Herzen
aller Lebewesen. Wenn wir Den Meistern dienen, bekämpfen wir uns gegenseitig, weil der Eigene Meister immer
besser ist als jener der anderen: Meister Jesus ist besser als
Meister Gautama oder umgekehrt, Meister Râmakrishna ist
besser als der Heilige Franziskus oder umgekehrt. Die Heiligen der eigenen Religion sind immer besser als jene einer
anderen Religion und so weiter. Die Kette Der *guru* einer
bestimmten *yoga*-Richtung ist besser als eine andere Kette
von *guru* einer anderen *yoga*-Richtung.

Nicht die Liebe zu einem Meister ist unser Ziel, sondern die Liebe zur Wahrheit. Sie allein gibt uns Die Befreiung und Die Verwirklichung.

FRAGE Sollen wir Die Meister ablehnen?

RAPHAEL Ich habe nicht gesagt, daß man sie ablehnen soll. Wir alle sind Meister von irgend jemandem. Die Wahrheit umfaßt Die Meister und das Ganze Leben. Deshalb lieben Sie, wenn Sie Die Wahrheit lieben, alle vergangenen, gegenwärtigen und zukünftigen *guru* jeglicher Rasse, Religion und Bruderschaft.

FRAGE Warum suchen alle Menschen nach Meistern?

RAPHAEL Weil es einfacher ist, Einen Meister zu suchen als Die Wahrheit, weil es leichter ist, Einem Meister zu dienen als Der Wahrheit, weil es angenehmer ist, sich einem anderen Individuum hinzugeben als Der Wahrheit, weil es bequemer ist, passiv zu dienen, als schöpferisch und aktiv zu suchen.

FRAGE Ich habe immer gedacht, die Menschheit könne sich ohne Meister nicht weiterentwickeln.

RAPHAEL Solange die Zentrale Sonne im Herzen des Systems erstrahlt, wird sie den verschiedenen Meinungen der Menschen zum Trotz die Gerechten und die Ungerechten, die Großen und die Kleinen, die Schwachen und die Starken, die Verdammten und Die Heiligen erleuchten.

FRAGE Darf ich nicht Den Meister Jesus anrufen? Ich bin Christin, also Jesus ergeben.

RAPHAEL Warum rufen Sie nicht Die Liebe an, warum suchen Sie nicht Die Liebe und dienen Der Liebe? Stellen Sie sich in den Dienst Der Liebe, dann werden Sie in das Herz nicht nur Eines Meisters, sondern in Die Gottheit selbst, Meisterin aller Meister, gelangen. Wenn Sie in die Eine *Essenz* eindringen, werden Sie mit allen Wesen und allen universellen Dingen kommunizieren.

FRAGE Bedeutet Ihnen der Tod von Jesus überhaupt nichts?

RAPHAEL Der des Jesus, nein; jener Der Liebe, ja. Jesus ist – so heil und gesund wie zuvor – nach drei Tagen wiederauferstanden. Die Liebe aber hat bis heute noch nicht in den Herzen der Menschen gekeimt. An jenem längst vergangenen Tag wurde nicht Jesus mißhandelt und beleidigt, sondern Die Liebe und Das Verständnis, Die Barmherzigkeit und Das Mitleid.

FRAGE Was kann ich, wenn ich mich in gedanklicher Stille befinde, tun, um immer tiefer in das Geheimnis meiner Existenz einzudringen?

RAPHAEL Lösen Sie manchmal, wenn Sie sich in diesem Zustand befinden, eine Gedankenbewegung aus? Das würde bedeuten, wieder in den Werden-Prozeß des Verstandes zurückzufallen. Anderseits sollte man bedenken, daß die Stille des Verstandes nur ein offenes Fenster zum Selbst ist, aber noch nicht die effektive Verwirklichung Des Selbst.

Wenn sich als natürliche Folge der Verhaftungslosigkeit und der Beseitigung von jeder Überlagerung über lange Zeit hinweg jene Stille in uns eingerichtet haben wird, werden wir früher oder später zur Bewußtwerdung Des Selbst gelangen.

DER WIEDERERWECKTE

FRAGE Wie könnte Das Selbst die Welt der Namen und der Formen sehen?

RAPHAEL Dieses »sehen könnte« bedeutet, daß Sie noch nicht Das Selbst sind. Warum kümmern Sie sich dann um Das Selbst, das, da Sie es noch nicht sind, in weiter Ferne liegt?

FRAGE Es könnte mich zur Bewußtseinsnahme Des Selbst anregen.

RAPHAEL Der Wiedererweckte sieht nur Das Substrat des Ganzen, die undifferenzierte Leinwand ohne Zeit, Raum und Kausalität, dort, wo der Schlafende die vergänglichen und veränderlichen Objekte wahrnimmt.

FRAGE Können Sie mir sagen, wie Der Wiedererweckte den Tod sieht? Ich habe Angst zu sterben, der Tod quält mich.

RAPHAEL Für Den Wiedererweckten gibt es weder Geburt noch Tod, weder Leid noch durch Sinnesorgane erfahrenes Glück. Die Angst – jede Art von Angst – taucht auf, wenn sich das Bewußtsein mit dem konfliktgeladenen Ich identifiziert.

FRAGE Warum sprechen Sie dann von Leid und Konflikt?

RAPHAEL Ich gebrauche die der Erfahrung des Schlafenden angepaßte Sprache. Dieser behauptet, zu leiden oder sich zu freuen und so weiter, je nachdem.

FRAGE Wie kann man Einen Wiedererweckten erkennen?

RAPHAEL Wie kann man einen Wissenschaftler erkennen? Welcher Unterschied besteht zwischen einem Wissenschaftler und einem, sagen wir, gewöhnlichen Menschen? Äußerlich keiner, der Unterschied liegt im Inneren ihres Verstandes-Bewußtseins.[11]

FRAGE Halten Sie sich für Einen Wiedererweckten?

RAPHAEL Das Ich hält sich für diesen oder jenen. Sobald das Ich verschwunden ist, verschwindet auch jegliche Problematik der Unterscheidung und Charakterisierung.

FRAGE Können Sie mir sagen, wie Der Wiedererweckte das Problem des Guten und Bösen sieht?

RAPHAEL Es gibt Wahrheiten, die man besser für sich behält. Der Schlafende, der in der Dualität und unter der Herrschaft des samsarischen Trugbilds, welches das Ich ist, lebt, würde sich wundern oder gewisse Dinge nicht begreifen. Nach und nach, wenn wir demütig sind und Mut haben, wird sich Die Wahrheit in allen von uns offenbaren. Die dualistische Problematik jedenfalls bezieht sich auf das Ich und nicht auf Das Selbst.

FRAGE Ich weiß nicht, ob ich einfach nur neugierig bin, aber können Sie mir sagen, wie sich ein Lebend Befreiter bewegt?

RAPHAEL Ein *jîvanmukta* bewegt sich nicht. Er produziert weder bindende Handlungen noch schafft er irgendeine Übertragungsbewegung. Er kreist um sich selbst und enthüllt sich dabei als Prinzip ohne Name und Form[12]. Für den Schlafenden kann Der Wiedererweckte eine pure Abstraktion darstellen.

FRAGE Welche Mission könnte ein Wiedererweckter erfüllen?

RAPHAEL Es gibt viele Missionare: Wissenschaftler, Künstler, Schriftsteller, Heilige etc. Alle tragen dazu bei, die Herzen der Menschen anzuregen. Warum sollte man den Bereich auf Die Heiligen, Die Wiedererweckten oder auf diejenigen beschränken, die sich Spiritualisten nennen? Um bestimmte Ziele zu erreichen, bedient sich das eine Große Leben sowohl einer ihrer Familie ergebenen Mutter als auch eines wissenschaftlichen oder politischen Genies.

FRAGE Es gibt aber auch ganz besondere Missionen, die von großer Tragweite sind.

RAPHAEL Diese Unterscheidungen trifft der auswählende, vergleichende und wetteifernde Verstand, aber nicht Das Eine-ohne-Zweites.

ADVAITA

RAPHAEL Der *Advaita* ist ein ganz besonderer Weg. Er ist ein
Weg, der sozusagen gegen den Strom verläuft. Über das
Verständnis dessen, was nicht wirklich ist, gelangt er zur
Erkenntnis dessen, was absolut ist. Indem er die Dualität
von Subjekt-Objekt, Grundlage des Denkprozesses, ver-
wirft, gelangt er zur Überschreitung des Denkens, des Verstandes selbst und des gesamten spekulativen – inklusive des
metaphysischen – Geflechts. Dieser Weg führt uns zur wahren Erfüllung, zur Objektlosen Freude-Glückseligkeit, zum
Sat-Chit-Ânanda (zum Reinen Sein, zum Reinen Intelligenz-Bewußtsein, zur Reinen Freude-Glückseligkeit).[13]

Die Welt der Namen und der Formen ist ein Erzeugnis
des Kosmischen Verstandes. Und die *avidyâ* taucht auf, sobald wir diese Welt als vom kosmischen Träumer getrennt,
als eine Wirklichkeit für sich, als ein Absolutes betrachten.
Mit dem Schwert der Unterscheidung trennt der *jñâni*-
Schüler die Erscheinung vom *noumenon*[14], das Produkt vom
Erzeuger, das Werden vom Sein.

Es ist ein rückläufiger Prozeß, bei dem man sich ohne
Anstrengung, ohne jeglichen Widerstand zu leisten, ohne
die Psyche zu vergewaltigen oder sich eine Willenshandlung
aufzuerlegen stufenweise in Das Zentrum Des Seins zurück-

zieht und dabei einfach beobachtet, mit Intuition unterscheidet und ohne Objekt meditiert.

Jedes menschliche Begehren zielt auf das Glück, aber dieser »Impuls zur Suche« dessen, was Erfüllung bringt, ist irrtümlich nach außen gerichtet, auf das, was die sinnesbezogene Wahrnehmung als Veränderung definiert: daher der Konflikt und das darauf folgende Leid. Das Veränderliche kann nie etwas Stabiles, Dauerhaftes, Konstantes ergeben.

Das Begehren ist nichts anderes als der Widerschein einer vergessenen Freude, eines verlorenen Paradieses. Wenn wir lernen, unsere Energien auf das Bewegungslose Zentrum Des Seins zu lenken, können wir das, was wir verloren haben, zurückgewinnen.

Wenn wir erkennen, daß der nach außen gerichtete Verstand nichts als Trennung und Konflikt erzeugt, werden wir ihn in den Zustand der Ruhe oder Stille zurückführen, der Voller Leben ist.

FRAGE Knüpft diese philosophische Anschauung des Universums nicht an den absoluten Idealismus vieler westlicher Philosophen an?

RAPHAEL Hinter dem Denken ist der Verstand, dahinter ist der Denker und hinter dem Denken ist *Brahman*, Unverursacht und Unbestimmt, Substrat von allem. Wie Sie sehen, handelt es sich nicht um einen absoluten Idealismus, da die Letzte Wirklichkeit weder mit dem Zustand des Denkens noch dem Verstand selbst identisch ist.

FRAGE Aber das Manifeste wird subjektiv.

RAPHAEL Die Dualität von Subjekt-Objekt ist nichts als eine gedankliche Veränderung und vorbestimmte Begrifflichmachung, die durch die Getrenntheit des Wesens hervorgerufen wird. Wenn Sie träumen, befinden Sie sich in einem subjektiven Zustand. Oder Sie nehmen im Traum selbst Objekte wahr, die scheinbar außerhalb des subjektiven Gedankenbildes sind, so daß das Subjekt davon beeinflußt wird. Aber das Subjektive und das Objektive des Traums sind nichts als gedankliche Erzeugnisse: der Verstand sind Sie selbst. Beachten Sie, daß dort, wo ein Objekt existiert, auch ein Subjekt existieren muß. Diese Dualität entsteht zur gleichen Zeit.

FRAGE Existiert die intelligible Welt für meine spezielle Wahrnehmung oder subjektive Vorstellung?

RAPHAEL Nicht ganz, diese Auffassung betrifft den Solipsismus (subjektiven Idealismus). Wir können unsere spezielle Vorstellung, aber nicht jene von *Brahmâ* oder von *Îshvara* aufheben. Unser Traum entwickelt sich in einer größeren Traum-Vorstellung. So ist die Welt, die uns umgibt, für uns real, sagen wir objektiv, solange wir nicht in das Bewußtsein von *Brahmâ* eingegangen sind. Das, was vorher auf der Ebene der individuellen Vorstellung geschah, geschieht von diesem Moment an auf kosmischer Ebene. Wie Sie sehen, ist die empirische Welt gleichzeitig real und irreal, subjektiv und objektiv. Es hängt von unserem Bewußtseinsstandpunkt und von der speziellen Existenzebene ab.

Wenn es uns gelingt, all dies zu begreifen, können wir das Problem der »Wahrnehmung« als Erkenntnismöglichkeit an seinen richtigen Platz stellen. Das gilt ebenso für jene Auffassung, die das äußere Objekt als unabhängig vom wahrnehmenden Subjekt sehen will.

FRAGE Wo aber befindet sich Der Wiedererweckte in diesem Bild des veränderlichen Lebens?

RAPHAEL Das hängt von der Höhe ab, die wir erreicht haben. Die Dualisten bleiben bei der Vereinigung mit *Brahmâ*, dem Manifesten Gott, dem Kosmischen *jîva* stehen. Der *Advaita Vedânta* überschreitet mit Der Verwirklichung des Einen-ohne-Zweitem alle möglichen Dualitäten bis hin zur Transzendenz Dieser Einheit, Ursache jeder Manifestation.

FRAGE Ich beginne zu begreifen, daß der *Vedânta* nichts mit jener Theorie der Illusion zu tun hat, von der ich gehört habe.

RAPHAEL Über diesen Punkt herrscht viel Unverständnis. Der *Vedânta Darshana* ist eine Metaphysik, die verwirklicht werden will (eine spekulative Metaphysik bleibt immer im Bereich der theoretischen und diskursiven Philosophie), und bildet – das gilt vor allem für den *Advaita* – die höchste Verwirklichung, die bekannt ist. Seiner Anschauung nach ist er einzigartig. Außerdem bedeutet das Wort ‚Illusion‘ in der östlichen Welt etwas anderes als bei uns, und das muß beachtet werden.

Wir haben gesehen, daß der nächtliche Traum nicht im wortwörtlichen Sinn als Illusion bezeichnet werden kann. Unsere verschiedenen Eindrücke, Reaktionen und Entscheidungen sind keine Illusionen. Außerdem darf eine Gegebenheit, die unseren vorher bestehenden Bewußtseinszustand verändern kann, nicht als Illusion bezeichnet werden. Eine Illusion im wahren Sinn des Wortes erzeugt nichts. Jene Schlange, von der wir gesprochen haben und die unser Bewußtsein verändert, muß, um fortbestehen zu können, einen Ausgangspunkt oder eine reale Grundlage haben. Sie kann nicht aus dem Nichts entstehen, und ihre Grundlage ist, wie gesagt, das Seil. Die Illusion und der Irrtum beruhen darauf, ein Objekt für ein anderes zu halten: Das ist der eigentliche *mâyâ*-Zustand; er läßt ein Ding anders erscheinen, als es in Wirklichkeit ist.[15] Die *mâyâ* hat zwei Aspekte: den der *Projektion* (Bild der Schlange) und den der *Verhüllung* (jenes Bild verhüllt das reale Objekt, das Seil). *Mâyâ* ist also im westlichen Sinn keine Illusion.

FRAGE Wird deshalb so viel Wert auf das intuitive Unterscheidungsvermögen gelegt?

RAPHAEL An anderer Stelle haben wir gesagt, daß der Mensch sich nicht auf die Wirklichkeit an sich (das Seil) stützt, sondern auf das Bild jener Wirklichkeit (die Schlange), das sein Verstand projiziert. Deshalb muß er die Welt ständig neu interpretieren. Das wird bei den Begriffen von Gott und von der Materie ersichtlich. Diese Begriffe haben im Laufe der Zeit verschiedene Interpretationen oder begriffliche Veränderungen erfahren.

FRAGE Hat die *mâyâ* eine Grundlage von Wirklichkeit?

RAPHAEL Wenn sie real wäre, könnten wir sie nicht beseitigen. Ich gebe Ihnen ein Beispiel: Wohin ist die *mâyâ* gegangen, nachdem wir anstelle der Schlange das Seil als Letzte Wirklichkeit erkannt haben? Versuchen Sie durch Intuition, dieses Geheimnis zu lüften.

Ich möchte betonen, daß wir von Fakten, Ereignissen und Begebenheiten sprechen, die wir vor uns haben. Wir könnten zwar die Terminologie und dieselbe *Vedânta*-Anschauung beiseite lassen, aber das Problem würde weiterbestehen. Jene Wahrnehmungen und falschen Interpretationen der Gegebenheiten befinden sich in uns, das ist eine Tatsache, und wir müssen lernen, mit ihnen umzugehen. Wir stellen keine Dogmen, geschlossene philosophische

Schemata oder Überzeugungen auf, die pauschal akzeptiert oder abgelehnt werden sollen. Es geht auch nicht darum, für das eine oder andere System die Werbetrommel zu rühren. Wir sind dabei, eine gewisse menschliche Erfahrung, eine Art des Denkens, eine psychologische Verhaltensweise zu untersuchen, die leider Irrtum und Konflikt erzeugt.

SUBJEKT-OBJEKT

FRAGE Ich würde gerne auf den Begriff von Subjekt-Objekt[16] zurückkommen. Für mich zumindest ist er sehr wichtig. Sie haben vorher gesagt, daß das Subjekt-Objekt nur in unserer Vorstellung existiert. In welchem Sinne? Welche Entsprechungen gibt es für diese beiden Begriffe?

RAPHAEL Wollen wir diese Frage gemeinsam untersuchen? Fangen wir mit der nächtlichen Vorstellung an. Gibt es da ein träumendes Subjekt?

FRAGE Ja, mich, der ich träume.

RAPHAEL Sind Sie sicher?

FRAGE Ganz sicher. Es kann ja keinen anderen geben, der für mich träumt.

RAPHAEL Also, der Verstand ist das Subjekt, das Bilder projiziert, ganze Welten, nicht wahr?

FRAGE Haben wir in den vergangenen Tagen nicht gesagt, daß der Verstand nur ein Träger ist?

RAPHAEL Ja, aber er hat bestimmte Charakteristika, gewisse Funktionsweisen und spezielle Eigenschaften. So wie die Drüse bestimmte Sekrete produziert, erzeugt der Verstand unbegrenzte Projektionen oder Gedankenbilder. Oder ist es etwa nicht der Verstand, der träumt?

FRAGE Doch, das Geheimnis des Wesens liegt im Verstand oder in dem, was wir als solchen bezeichnen.

RAPHAEL Sie haben nicht ganz unrecht. Jedenfalls produziert der Verstand Gedanken, welche die Eigenschaften von Wellen oder verstandesmäßigen Modifikationen annehmen. Und eine verstandesmäßige Modifikation wird von dem Bild-Begriff, dem wahrnehmenden Subjekt dargestellt. Dort, wo ein wahrnehmendes Subjekt ist, muß auch ein Objekt sein. So erzeugt dieser Verstand durch seiner Vorstellung oder Projektion unbestimmter Gegebenheiten auch das Objekt. Subjekt und Objekt werden gedanklich erzeugt.

FRAGE Wie bitte? Das Subjekt ist nicht das Ich? Das bin ich nicht selbst?

RAPHAEL Das werden wir gleich sehen. Wenn Sie aufwachen, erkennen Sie, daß die nächtliche Erfahrung eigentlich nichts anderes als ein Traum war. Mit anderen Worten, das *Subjekt des Wachzustandes* akzeptiert nicht mehr die vorangegangene Erfahrung des *Traum-Subjekts*. In der Tat erfahren Sie sich beim Aufwachen als eine sozusagen andere Person. Wenn nun das Objekt des Traums verschwindet, muß auch das entsprechende Subjekt verschwinden. Wenn das Subjekt immer jenes nächtliche bliebe, müßte es sich auch im Wachzustand für das Subjekt jener besonderen Welt halten. Statt dessen aber muß es sich für das eine oder das andere entscheiden.

FRAGE Dieses Subjekt ist also der Schauspieler, der die verschiedenen Rollen der Komödie des Lebens spielt?

RAPHAEL Ja. Und in dem Maß, in dem sich die verschiedenen Rollen in unsere psychische Substanz (Verstand-Gefühl) einprägen, können sie sich von Mal zu Mal reproduzieren, wieder auftauchen und Konflikte und Komplexe hervorrufen, wenn wir uns mit dem momentanen Ich-Subjekt nicht in Einklang oder Harmonie befinden.

FRAGE Jetzt verstehe ich, wie wichtig es ist, das Denken zu bremsen. Es ist also das Subjekt, das gewisse Erfahrungen macht, sich freut oder sich ärgert. Aber wo ist das Ich, das heißt, mein Sein, sagen wir, meine lebendige Wirklichkeit? Wo lebt sie, was macht sie? Wenn jenes Subjekt ein gedankliches Erzeugnis ist, muß es doch noch ein anderes Wesen geben, das hinter dem Ganzen steht?

RAPHAEL Mein lieber Bruder, heute abend gelingt es uns, in den Kern einer überaus wichtigen Frage einzudringen. Wir müssen uns verstehen, wir müssen entdecken, wer wir sind und wer wir nicht sind, wir müssen zwischen dem Vergänglichen in uns und dem, was Ewige Glückseligkeit ist, unterscheiden und erkennen, was das Ich ist und was das Ich nicht ist. So können wir das, was wir nicht sind, aussondern und uns als das betrachten, was wir sind. Aber bevor wir fortfahren, möchte ich euch sagen, daß wir von *metaphysischer Verwirklichung* sprechen, die in dem Maß angewendet werden kann, in dem wir unsere verstandesorientierte Anschauung umformen. Das *Verständnis* stellt sich ein, wenn wir in einem bestimmten Bewußtseinszustand *leben*. Die Gelehrsamkeit führt zu nichts. Wenn wir zum Beispiel diese Einsicht, die wir heute abend gewonnen haben, direkt in uns erfahren, werden wir zukünftig darauf achten, daß weder bei Tag noch im nächtlichen Traum Gedanken erzeugt werden. Wenn wir uns einer schönen Blume nähern, haben wir sofort das wahrnehmende Subjekt und das Objekt vor uns. Letzteres verschafft Freude, die das wahrnehmende Subjekt genießt. Wenn wir nach einer Weile das Bild verändern und uns nicht mehr vor der schönen Blume, sondern vor einem abstoßenden Objekt befinden, haben wir ein anderes Subjekt und ein Objekt, das Furcht, Angst und Abneigung hervorruft. Das jetzige Subjekt ist nicht mehr das von vorher, denn wenn es so wäre, hätten wir einen absoluten Wert, und in diesem Fall würden wir uns vor einem Subjekt befinden, das ununterbrochen Freude empfindet. Es ist aber nicht absolut, weshalb wir in jedem Moment ein anderes Subjekt-Objekt-Gefüge haben. Demzufolge ändert sich auch ständig unsere Reaktion darauf.

FRAGE Ich teile Ihre Erklärung. Bloße Neugierde kann die Wirklichkeit nicht enthüllen. Ich habe mir bereits Notizen gemacht, um unsere Erkenntnisse noch einmal durchzugehen und um sie besser zu verstehen. Ich habe jetzt verstanden, daß es dieses vom Verstand erzeugte Subjekt ist, das die Erfahrungen macht. Ich muß aber noch mehr Dinge begreifen.

FRAGE Mir fällt die upanisadische Parabel der beiden Vögel ein, die auf demselben Baum wohnen: Der eine handelt und macht Erfahrungen, während der andere bewegungslos, still und gelassen bleibt.

RAPHAEL Wir können dieses Bild aufgreifen, da es viele Dinge erklärt. Einen Moment, haben Sie (an den vorletzten Fragesteller gewendet) Ihre Frage beendet?

FRAGE Ich möchte herausfinden, wer oder was hinter diesem ganzen Prozeß steckt.

RAPHAEL Haben Sie zunächst einmal verstanden, daß alles, was dem Verstand entspringt, elliptische Bewegung, Modifikation, kontinuierliche Veränderung ist? Haben Sie verstanden, daß diese Bewegung relativ ist, eine Erscheinung, und daß Sie sie bis heute für absolut gehalten haben? Wir sind jedoch auf der Suche nach Dem Absoluten in uns, dem ewig Gültigen, dem Konstanten, nach jenem, das von keinerlei Veränderung oder Reaktion abhängt, die von einem kapriziösen Subjekt-Objekt erzeugt worden ist. Wohin müssen wir uns wenden, um die von jeglichem Objekt Unabhängige Freude zu finden, wenn das, was wir bisher untersucht haben, unvollkommen ist, ? Der Verstand ist nichts als Konflikt und Dualität, er erzeugt das erfahrende Subjekt und das zu erfahrende Objekt. Das Objekt – egal ob es ein inneres oder ein äußeres ist – kann uns unser Unterbewußtsein anbieten, in dem die verschiedenen Eindrücke registriert sind, oder die uns umgebende Welt. Wir haben das Bild der beiden Vögel gesehen: Der eine stellt das Unbeständige, Bewegliche dar, den Erfahrenden und den, der die karmische Früchte erntet; der sich freut, Angst hat oder ärgerlich ist, der mit anderen Worten die Dualität erfährt. Der andere entspricht Dem Zeugen, der nicht an den gefangennehmenden Spielen des Erfahrenden teilnimmt. Der eine Vogel ist der Planet Erde mit seiner elliptischen, dualen und konfliktgeladenen Bewegung, der andere Vogel ist die Sonne, die immer für sich selbst identisch bleibt und sich um ihre eigene Achse dreht: Stille Zeugin aller irdischen Ereignisse.

Wenn man diesen ganzen Prozeß einmal verstanden hat, besteht der nächste Schritt darin, die gedankliche Bewegung zu verlangsamen und schrittweise, aber kontinuierlich einen Zustand der Stille, Ruhe und Gedankenleere ohne Subjekt-Objekt herzustellen. Wenn wir Herr unserer eigenen Vorstellungen werden, können wir unser Augenmerk auf Den

Zeugen richten. Ihn kann man nur in absoluter Gedanken-stille verstehen. Andernfalls würde der Verstand neue Pro-jektionen schaffen, und das Denken würde demzufolge auf dieser gedanklichen Darstellung basieren. Wir würden also denselben Irrtum wiederholen, den wir bis zum heutigen Tag begangen haben.

Jeder Träger des *jîva*-Erfahrenden äußert sich auf eine bestimmte Weise, hat bestimmte Eigenschaften und zeigt besondere Charakteristika. Wenn der *jîva* auf passive Weise der Ausdrucksweise des Trägers folgt, entsteht Identifikati-on. Deshalb verwechseln wir uns, die wir uns von den Trägern unterscheiden, mit jener Erfahrung und behaupten: Ich bin dieser oder jener, ich bin schwach, stark, ängstlich, glücklich, jung, alt, reich oder arm, gelehrt oder unwissend, Sklave oder frei.[17]

FRAGE Ich frage mich, ob nicht der Verstand selbst die Träger erzeugt hat?

RAPHAEL Wenn wir von einem wissenschaftlichen Zusammen-hang ausgehen, das heißt, daß die Materie nichts anderes als Elektrizität unterschiedlicher Dichte ist, müssen wir daraus schließen, daß der Verstand ein von ihm geschaffenes Bild verfestigen, sagen wir, materialisieren kann. Die Träger sind aktive Elektrizität unterschiedlicher Dichte. Das, was der Verstand erzeugt hat, kann derselbe Verstand wieder auflö-sen und überschreiten.

FRAGE Kann ich Die Ganzheit verstehen, wenn es mir gelingt, das Denken aus allen Trägern und aus allen Objekten her-auszuziehen, um es somit rein und unbefleckt werden zu lassen?

RAPHAEL Wer sich ins *Chit*-Prinzip (ins reine Intelligenz-Bewußtsein) bringt, ist schon in *Brahman*. *Brahman* ist *Sat-Chit-Ânanda,* und wir können Es auch mittels eines dieser drei Ur-Prinzipien erlangen.

FRAGE Mir wird klar, daß ich alle anderen *yoga*-Arten, die ich praktiziert habe, überschreiten kann, wenn ich den Verstand, seinen Mechanismus und seine Verhaltensweise begreife. Zur Zeit folge ich dem *Bhakti Yoga*, aber ich glaube, es ist sehr wichtig, das Denken zu verstehen. Was raten Sie mir?

RAPHAEL Ich kann Sie weder auf einen bestimmten Weg hinweisen noch Ihnen von einer speziellen Lehre abraten. Die richtige Antwort darauf müssen Sie in sich selbst finden. Ganz allgemein kann man sagen, daß man nur durch eigene Erforschung seine Gedankenbewegung kennenlernen und auflösen kann. Sobald wir das Denken und seine Dynamik verstanden haben, befinden wir uns bereits jenseits des Verstands und des selektiven, empirischen Denkens.

DIE ZEIT

FRAGE Ich denke oft, daß ich nicht dazu bestimmt bin, mich in diesem Lebenszyklus zu verwirklichen. Wie kann ich diese Gedanken loswerden?

RAPHAEL Was ist Zeit? Was sind Vergangenheit, Gegenwart und Zukunft? Was ist niedrig, mittel und hoch?

Um diese Gegebenheiten zu bestimmen, brauchen wir zunächst einen Vergleichsbegriff, einen »bewegungslosen« Inhalt. Nun, wo ist die Zukunft? Von welcher Basis oder von welchem »Bewegungslosen« aus können wir sie bestimmen?

FRAGE Von der Gegenwart aus.

RAPHAEL Welcher Gegenwart?

FRAGE Von dem Bewußtseinszustand aus, in dem ich mich in diesem Moment befinde.

RAPHAEL Dieser Moment, von dem wir sprechen, ist ... jetzt gerade schon wieder vergangen.

FRAGE Dann ist die Vergangenheit jenes »Bewegungslose«, aus dem die Zukunft entsteht.

RAPHAEL Daraus ergibt sich, daß die Zukunft eine Zeit ist, die noch kommen wird, während die Vergangenheit schon gekommen ist. Kann denn das *Geschehene* je das Nichtgeschehene erzeugen? Kann das bereits Entstandene je das Nicht-Entstandene erzeugen? Kann das Getane je das Nicht-

Getane erzeugen? Um es als Vergangenheit betrachten zu können, müssen wir es auf eine andere Gegebenheit beziehen, aus der ein »Vorher« in Bezug auf ein »Nachher« zu entnehmen ist.

FRAGE Wir haben gesagt, daß aus der Vergangenheit die Zukunft entsteht, also ist diese Zukunft der Vergleichsbegriff.

RAPHAEL Die Zukunft aber ist das Nicht-Geschehene, das Nicht-Existente. Die Zukunft ist eine reine Abstraktion, nur eine gedankliche Darstellung.

FRAGE Dann ist die Gegenwart jenes »Bewegungslose«, da mir bewußt ist, daß ich sie erlebe.

RAPHAEL Wenn Sie sich dessen bewußt sind, daß Sie in der Gegenwart leben, bedeutet das, daß Ihre *Aufmerksamkeit*, und daher Ihr Bewußtsein, immer im Zustand Der Identität mit Ihrer »Gegenwärtigkeit« ist, und Diese Identität bildet die unmittelbare Wirklichkeit. Aber es ist schwierig, in diesem Zustand zu leben, wo das Denken ausgeschaltet ist.

FRAGE Ich habe diesen Zustand, von dem Sie sprechen, erfahren und muß sagen, daß es in solchem Zustand keinen Begriff von Vergangenheit und Zukunft gibt.

RAPHAEL Aufgepaßt, der Herr hat eben von einem *Begriff* der Vergangenheit und der Zukunft gesprochen! Ich glaube, wir fangen an, etwas zu begreifen.

Wenn wir also Diese Identität erleben, erkennen wir zwangsläufig unsere Wahre Essenz, die immer mit sich selbst identisch ist. Wenn wir dagegen in die Vorstellung geraten, entstehen die verschiedenen Begriffe der Zeit. Aus der *Erinnerung* taucht die Vergangenheit auf. Wenn wir kein Erinnerungsvermögen hätten, würden wir keine Vergangenheit haben. Erinnerung bedeutet eben, sich an »etwas« zu erinnern. Die Zeit existiert in Bezug auf *Dinge*, Objekte und Ereignisse. Das Gestern ist nichts anderes als ein gewisses Ereignis, ein gewisser Prozeß, dessen Erinnerung uns nicht zur gestrigen Zeit, die nicht existiert, zurückbringt, sondern allein zur heutigen, zur Gegenwart also, mit einem Projektionsinhalt, der sich wiederholt, fortbesteht und uns in der Kristallisation und im Werden gefangenhält. Daraus ergibt sich, daß die Zeit ein »sinnlich wahrnehmbares Objekt« ist; alle sinnlich wahrnehmbaren Objekte aber sind nichts anderes als Vorstellungen und gedankliche Darstellungen, die relativ sind. Das Verlassen der Welt der Darstellung-Vorstellung bedeutet, auch den Rahmen der Ereignis-Zeit zu verlassen. In der Gegenwart zu leben bedeutet, die Identität mit Dem Selbst zu verwirklichen, das von keinerlei gedanklichem Bild abhängt, also nicht einmal von der Zeit. Daraus können wir schließen, daß die Zeit, da sie nur eine Gegebenheit der Wahrnehmung ist, nicht wirklich oder absolut sein kann. Jenseits der Zeit befindet sich der Einsame Zeuge als Substrat des gesamten Wahrnehmungsprozesses.

Der Verstand erzeugt die Stunden, Minuten und Sekunden. Er produziert die Jahre und Zeitalter. Aber all diese Gegebenheiten sind nichts anderes als vergängliche Begriffe und Kristallisierungen, die er benutzt, um sich zu beruhigen und sicher zu fühlen. Er schafft »Bilder«, um Sicherheit und Dauerhaftigkeit zu bekommen, aber auch Konflikt und Elend. Da der Verstand nicht das Zeitlose, das absolut ist, erfassen kann, gestaltet er formale Gebilde, um seine Unvollkommenheit zu kompensieren.

Ist es etwa nicht der Verstand, der das Namenlose, das Raumlose, und das Unverursachte oder das, was Das Unbekannte für ihn darstellt, begrifflich machen will? Seine Vorstellungen beruhen immer auf dem Bekannten, weil er selbst die Zeit, das Werden und die sinnlich wahrnehmbare Erfahrung ist. Hat er den Begriff von Gott, Natur, Individuum etc. etwa nicht auf die ihm eigene Weise des Projizierens und Vorstellens geschaffen? Das, was er Gottheit nennt, ist immer nur eine auf seine raum-zeitliche Begrenzung bezogene Vorstellung. Es bleibt ein Objekt der Wahrnehmung, ein Produkt also, ein Prozeß und eine Ansammlung.

UNSTERBLICHKEIT UND GLÜCKSELIGKEIT

FRAGE Ich bin tief religiös und möchte Sie fragen, ob ich bei meinem Tod die Unsterblichkeit erlangen kann, wenn ich alle entsprechenden Gebote befolge.

RAPHAEL Wer in Ihnen stellt diese Frage?

FRAGE Was wollen Sie damit sagen? Ich natürlich!

RAPHAEL Lassen Sie mich erklären: Ist es Jenes Absolute in Ihnen, der Unverursachte Geist, oder ist es das Ich, der individualisierte und erstarrte Verstand?

FRAGE (Nach einigem Zögern:) Ich stelle sie ... Ich denke, es ist der individualisierte Verstand.

RAPHAEL Genau dieses Ich-Trugbild sucht – da es weiß, daß es sterben muß – die Unsterblichkeit, die Ewigkeit und das Werden. Kann aber das Sterbliche je unsterblich werden? Kann sich das, was vergänglich ist, je verewigen? Kann das Zeitliche jemals zu dem werden, was jenseits der Zeit liegt?

FRAGE Um was müßte ich Gott bitten? Wie müßte ich beten?

RAPHAEL Fragen Sie sich noch einmal, wer es in Ihnen ist, der etwas *will*.

FRAGE Wozu dienen die Religionen, wenn wir nicht zu Gott, der Unser Vater ist, beten dürfen? Und Religionen gibt es nicht nur im Westen.

RAPHAEL Solange das Ich schwach ist, hungrig und durstig,

betet es zu Gott und befolgt – selbst die strengsten – religiösen Gebote. Wenn es dagegen stark, groß und satt ist, kehrt es dem Glauben und dem Tempel den Rücken. Das Ich ist ein Monstrum aus Begierden, das, sobald es Befriedigung gefunden hat, sofort nach neuer Beute Ausschau hält.

FRAGE Warum darf ich nicht um Glückseligkeit für meine Seele bitten?

RAPHAEL Entweder die Seele besitzt Die Glückseligkeit oder sie wird sie nie erlangen. Man kann nicht das, was man potentiell nicht hat, erhalten.

FRAGE Was müßte ich also tun, um Die Glückseligkeit und Göttliche Gnade zu erlangen?

RAPHAEL Sie müssen Die Glückseligkeit einfach verstehen, verstehen, welche Hindernisse sich der Verwirklichung entgegenstellen und darüber meditieren, wer Sie *sind*. Sie brauchen also nicht bis zu Ihrem körperlichen Tod zu warten, um Die Glückseligkeit und Die Unsterblichkeit zu enthüllen. Sie können sie schon zu Lebzeiten verwirklichen, mit offenen Augen und ruhigem Geist, der schweigsam ist und Frieden gefunden hat.

FRAGE Sie sprechen von *ânanda* oder der von einem Objekt Unabhängigen Glückseligkeit. Können Sie mir bitte erklären, was das bedeutet?

RAPHAEL Der *ânanda* ist Freude oder Spontane, Natürliche, Unschuldige Glückseligkeit, die man nicht zu suchen braucht. In ihm ist kein Ich, das etwas will, sich etwas aneignet oder sich in den Vordergrund drängt. In der sinnlichen Freude dagegen ist Lust, Genußstreben, Planung, Erwartung, gefühlsmäßige Erregung und Erinnerung enthalten.

Im *ânanda* gibt es weder Dualität noch emotionalen Konflikt, weder Erinnerung noch Besitzstreben. Der ânanda ist keine Vergütung sinnlichen Inhalts, daher auch keine Spannungsentladung.

In der Lust bläht sich das Ich auf, im *ânanda* hebt es sich auf.

Der *ânanda* kann sich schon einstellen, wenn man einfach ein Stück Erde, einen Wassertropfen, ein Mohnfeld, ein Gesicht oder den silbrig glänzenden Widerschein des Mondes betrachtet. Wenn man während dieser Betrachtung nach etwas sucht, das man sich aneignen will, verschwindet der Zauber des *ânanda*, und die Lust taucht auf. Das ist Selbstbefriedigung, die durch Unzufriedenheit und Frustation bewirkt wird. Das Individuum ist in Konflikt und versucht ihn durch die Suche nach Lustvollem aufzulösen. Demnach ist die Lust eine flüchtige Illusion, welche die Unzufriedenheit beseitigen soll.

Die Liebe ist *ânanda*, weil es in der Liebe kein Ich, keine Erwartungshaltung, keine Forderung oder Belohnung gibt.

FRAGE Warum existiert in vielen Menschen dieses Gefühl der Überlegenheit?

RAPHAEL Das Ich weiß, daß es machtlos, elend und vergänglich ist. Daher erfindet es alles mögliche, um seine Unvollkommenheit zu kompensieren. Aber seine Überlegenheit ist zeitlich begrenzt, vergänglich und illusorisch. Nie kann Überlegenheitsgefühl die Vollkommenheit geben, sondern allerhöchstens eine Betäubung oder einen sinnlichen Genuß, der dual ist und daher konfliktgeladen.

Unaufhörlich bettelt das Ich um Kompensationen, um weiterleben und fortbestehen zu können. Es wirft seine

Würde weg, nur um irgendwie verehrt und anerkannt zu werden. Das Ich verkauft sich – selbst zu niedrigem Preis – bloß um als jemand zu erscheinen, der es nicht ist.

ES GIBT VERSCHIEDENE WEGE

FRAGE Ich praktiziere den *Hatha Yoga*. Seine Übungen oder *âsana* tun mir sehr gut: Ich bin wacher, spüre eine Lebenskraft wie nie zuvor und bin leistungsfähiger bei der Arbeit. Das bedeutet für mich Vollkommenheit und Erfüllung. Warum empfehlen Sie nicht diese Art von *yoga*?

RAPHAEL Einige suchen die Erfüllung des Körpers, andere die des Intellekts und wieder andere jene des Reinen Geistes. Das hängt von den inneren Ansprüchen ab.

FRAGE Erzeugt nicht ein gesunder und strahlender Körper seinerseits die Erfülltheit der Seele?

RAPHAEL Wenn das wahr wäre, müßte die ganze Menschheit erfüllt sein und in ganzheitlicher Vollkommenheit leben. In der Tat gibt es – vor allem im Westen – viel mehr gesunde und starke als kranke Menschen.

FRAGE Im Verlauf unserer Gespräche wurde von *Bhakti Yoga, Hatha Yoga* und *Vedânta Yoga* gesprochen. Mir schien, daß es sich dabei um verschiedene Wege handelt. Könnten Sie uns ein paar Hinweise geben?

RAPHAEL Die Überlieferung des Ostens ist dem Menschen, der auf der Suche nach Der Wirklichkeit oder nach Gott ist, auf intelligente und undogmatische Weise entgegengekommen, indem sie ihm verschiedene Wege anbietet.

Gemäß der Überlieferten Lehre des Ostens ist das Individuum durch die drei *guna* oder Grundeigenschaften, *sattva* (Harmonie), *rajas* (Tätigkeit) und *tamas* (Trägheit) charakterisiert, und diese *guna* bestimmen die psychoenergetischen Unterschiede zwischen den Individuen.

Das durch materielle, pranaisch-körperliche Eigenschaften geprägte *tamas*-Individuum ist langsam, träge und instinktorientiert. Das *rajas*-Individuum ist extrovertiert, leidenschaftlich und handelt, bevor es denkt; es ist temperamentvoll, rastlos und projiziert seine Inhalte schnell nach außen. Das *sattva*-Individuum ist ausgeglichen, kontemplativ und neigt zum Nachdenken und Abstrahieren.

FRAGE Können sich in ein und demselben Individuum alle drei *guna* befinden?

RAPHAEL Sicherlich, auch wenn dabei ein *guna* stärker ausgeprägt sein wird als ein anderer.

FRAGE Sie haben die psychoenergetische Verschiedenheit der Individuen angedeutet. Auf welche Weise kommen die verschiedenen *yoga*-Wege dieser Unterschiedlichkeit entgegen?

RAPHAEL Die verschiedenen Wege entsprechen den jeweiligen Qualifikationen derer, die sich auf einen Weg begeben wollen. Und je nach dem Grad des bewußten Erwachtseins stehen sie in Beziehung zu den drei Manifestationskörpern des Individuums: dem physischen, emotionalen und mentalen.

Bei der Betrachtung einiger *yoga*-Arten können wir zusammenfassend folgendes sagen: Der *Hatha Yoga* basiert auf dem Körper und seinen Lebensfunktionen, der *Bhakti Yoga* lenkt die Aufmerksamkeit auf den emotionalen Körper und der *Râja Yoga* widmet sich dem Verstand.[18]

OKKULTISMUS UND PSYCHISCHE KRÄFTE

FRAGE Ich beschäftige mich mit dem Okkultismus. Nachdem ich bei all diesen Gesprächen mehr oder weniger aufmerksam zugehört habe, bin ich nun ein wenig perplex. Können Sie mir sagen, wie ich den Okkultismus benutzen kann, um mich zu verwirklichen?

RAPHAEL Das müssen Sie selbst herausfinden. Was ist Okkultismus, oder was verstehen Sie darunter?

FRAGE Der Okkultismus untersucht alle übernatürlichen Erscheinungen. Er versucht, die unsichtbare oder übersinnliche Welt zu erfassen. Die Ursachen der objektiven Tatbestände befinden sich in der subjektiven Welt. All das finde ich höchst interessant. Dadurch lerne ich viele Dinge.

RAPHAEL Denken Sie, daß die Kenntnis der vielfältigen Naturerscheinungen das Problem Ihrer Konflikte lösen kann? Die wahren Okkultisten sind die Wissenschaftler, die tagtäglich die ursächliche Verbindung vieler Wirkungen entdecken. Finden Sie nicht, daß jene Atomwissenschaftler, Entdecker der Atomenergie, richtige Zauberer waren? Aber kann die Kenntnis der Lebensphänomene, wenngleich sie der Aufmerksamkeit und Vertiefung würdig sind, die Ursachen des menschlichen Konfliktes lösen? Kann sie den Neid, den

Stolz, die Eitelkeit, den Konkurrenzkampf und das Elend des Ichs beseitigen?

Denken Sie, daß der Erwerb einer menschlichen oder übermenschlichen Kraft das grundlegende Problem des Menschen lösen kann?[19]

FRAGE Das Ich erfüllt sich durch seine Ausdehnung. Jede Aneignung von Kenntnissen vervollständigt das Individuum. Ich verstehe nicht, warum die Kraft der Erkenntnis davon ausgeschlossen werden oder als unmoralisch betrachtet werden soll, wo doch die Selbstbehauptung zum Beispiel vom menschlichen Individuum als seine höchste Erfüllung betrachtet wird. Wenn wir uns umsehen, können wir feststellen, daß der Großteil des Leids durch das Unvermögen des Ichs hervorgerufen wird, seine Ansprüche zu befriedigen und auf bestimmte Tatsachen richtig zu reagieren. Warum soll man dann jene entsprechende Kraft, die ja in der Natur enthalten ist, nicht den Menschen geben, damit sie die Dinge und das Leben selbst besser beherrschen lernen?

RAPHAEL Wenn ich nicht irre, können wir Ihre Frage so zusammenfassen: Das Ich ist gegenüber bestimmten Ereignissen-Erscheinungen kraftlos, schwach und unfähig. Wenn wir ihm das entsprechende Kraftinstrument geben, wird es stark, fähig, kompetent und erlangt dadurch Freude, Glückseligkeit und Vollkommenheit. Daraus folgt, daß wir einem Menschen, der krank ist, nur die Möglichkeit zu geben brauchen, gesund zu werden, damit er die Seligkeit erlangt; wenn er arm ist, geben wir ihm einfach ein paar Reichtümer, damit er engelsgleich wird; wenn er nicht fliegen kann, geben wir ihm einfach die Möglichkeit zu fliegen, damit er sich freut; wenn er töten will, geben wir ihm die entsprechende Kraft dazu, damit er, wenn er tötet, glücklich wird; und einer unbekannten, aber ehrgeizigen Person brauchen wir bloß ein Amt von bedeutendem gesellschaftlichem Rang zu geben, damit sie zufrieden ist.

Für den Herrn, der diese Frage gestellt hat, können Konflikt, Leid und Sorgen sowie Krankheit, Armut, Hunger, Ehrgeiz, Neid etc. dadurch aufgelöst werden, indem man dem Ich die Möglichkeit gibt, seine Wünsche zu erfüllen. Um irgendeinen Wunsch zu erfüllen, braucht man aber das passende Instrument oder die entsprechende Kraft.

Was ist eine Kraft? Können Sie (an den vorigen Fragesteller gewendet) mir dabei helfen?

FRAGE Eine Kraft ist für mich die Fähigkeit, Einfluß auf jemanden oder auf etwas auszuüben.

RAPHAEL Um eine Kraft jeglicher Dimension ausüben zu können, braucht man aber auf der einen Seite den Inhaber der Kraft und auf der anderen das Objekt-Ereignis, das – abgesehen von der Kraft selbst – deren Einfluß erfährt.

Zur Ausübung einer Kraft sind also drei Dinge erforderlich: der Inhaber der Kraft, das Kraft-Instrument oder Kraftmittel und das Objekt, auf das der Einfluß ausgeübt werden soll. Ich möchte hier betonen, daß die Kraft an und für sich unpersönlichen Charakter hat und von der Richtung abhängt, in die sie gelenkt wird. Auch die Energie-Kraft der Atomenergie ist unpersönlich; je nach Gebrauch kann sie positive oder zerstörerische Wirkungen auslösen.

Zurück zur Dreiteilung: Wir können also ableiten, daß die Kraft nicht den Subjekt-Inhaber darstellt. Den Inhaber der Kraft mit der Kraft selbst zu identifizieren, bedeutet demnach, in *avidyâ*-Unwissenheit zu fallen. Es bedeutet, das

Seil mit der Schlange zu verwechseln. In diese Identifikation fallen viele Okkultisten, weshalb sie oft als »Verehrer des *hiranyagarbha*« bezeichnet werden.

Es ist wichtiger, den *Inhaber* der Kraft zu verstehen, als die Kraft, die lediglich eine Eigenschaft ist. Wir müssen das, was wir in Wirklichkeit sind, verstehen, wir müssen zur Letzten Essenz, zum Absoluten in uns vordringen, das von keinerlei Eigenschaft jeglicher Natur abhängig ist.

FRAGE Kann die Kraft den Konflikt und das Elend des Menschen auflösen?

RAPHAEL Wir kreisen immer wieder um dieselbe Frage. Löst der materielle Reichtum, der eine Kraft ist, das wahre, innere Problem des Menschen? Der Westen ist reich, aber hat er deswegen seine Probleme gelöst? Beseitigt etwa irgendein *Bekanntheitsgrad* (des Ichs), der auch eine Kraft ist, das Leid? Hat der Diktator, der die gesamte Macht über eine Nation für sich in Anspruch nimmt, etwa die Glückseligkeit erlangt? Heute besitzt der Mensch die größte derzeit vorstellbare Kraft, die Atomenergie; können wir deswegen sagen, daß die Menschheit dadurch die Glückseligkeit erreicht hat?

Und noch etwas Grundsätzliches: Jede Kraft menschlicher oder übermenschlicher Art strebt nach Befriedigung. Eine Kraft, die nicht danach trachtet, ihre Kraft auszuüben, verfällt als solche und besteht nicht mehr.

Kraft ist die Fähigkeit, Einfluß auszuüben. Aber sobald auch nur der kleinste Wunsch in uns entsteht, Einfluß auszuüben, geraten wir wieder in Konflikt und sind also nicht wirklich vollkommen. Wer Die Vollkommenheit erlangt hat, hat es nicht nötig, irgendeinen Einfluß auf andere auszuüben. Wer Das Zentrum erreicht hat, hat die *Isolierte Einheit*, Das Absolute verwirklicht, und in Dieser Einheit kann es kein *Zweites* geben, auf das irgendein Einfluß ausgeübt wird.

FRAGE (Derselbe Fragesteller, der die Frage über den Okkultismus gestellt hat) – Da sich der Okkultismus mit Energie-Kraft beschäftigt, kann ich damit also meine Letzte Wirklichkeit nicht finden. Was raten Sie mir?

RAPHAEL Ich bin kein Gegner irgendeiner Art von Spekulation. Es gibt Lehren, die sich nur mit der formalen Seite des Lebens beschäftigen, andere interessieren sich für den Aspekt der Qualität oder Psyche jenes Lebens, und wieder andere für den Aspekt des Einen-Ganzen, welches Das Leben selbst ist und sich hinter dieser veränderlichen Szenerie befindet. Es hängt von unserer inneren Reaktion ab, ob wir uns eher dem einen oder dem anderen Erkenntnisaspekt nähern wollen. Wer zum Absoluten strebt, hat jedenfalls aufgehört, mit dieser Welt der Eigenschaften zu *spielen* oder mit sich spielen zu lassen.

Die initiatische Reife des Wesens erkennt man an der Richtung, die sein Bewußtsein einschlägt.

FRAGE Beziehen Sie sich, wenn Sie vom Aspekt Des Lebens sprechen, auf das *Brahman-âtman* des *Vedânta*?

RAPHAEL Ja, aber es ist nicht die Art von Leben, wie wir es verstehen.

FRAGE Muß man also, um zur Vollkommenheit zu gelangen, von der Sie sprechen, die gesamte objektive-subjektive Welt überschreiten?

RAPHAEL Gewiß. So wie man, um das Objektive zu überschreiten, die Widerstände der *Kraft-Masse* überwinden muß, so muß man, um die subjektive Welt zu transzendieren, die Widerstände der *Energien-Kräfte* überwinden, die unaufhörlich zu gefangennehmenden Handlungen, zur Extroversion und in den Konflikt treiben. Denken Sie daran, daß wir trotz aller objektiven und subjektiven Widerstände Das Absolute sind, *âtman, Brahman*, das Nicht-Geborene, Unverursachte und Zeitlose. Unsere Authentische Wirklichkeit liegt jenseits von jedem Subjekt-Objekt oder von jeder Dualität.

DIE KUNST

FRAGE Ich bin ein, sagen wir, schöpferischer Mensch, ein
Künstler. Denken Sie, man kann mittels der Kunst zur
Letzten Wirklichkeit gelangen?

RAPHAEL Was verstehen Sie unter schöpferisch? Nichts wird
erschaffen und nichts zerstört, aber alles formt sich um. In
Wirklichkeit machen wir nichts anderes, als Ideen und
Eingebungen in Farben, Worte, Musik etc. *umzuformen*,
und diese Formen des Klangs, der Farbe etc. verändern sich
in Zeit und Raum. So enspricht eine Farbe-Form des 18.
Jahrhunderts nicht mehr unserer heutigen Auffassung, und
eine literarische Form des 12. Jahrhunderts ist heutzutage
nicht mehr akzeptabel. Wir sollten den Bereich der *Ideen-
Transformation* nicht auf diejenigen beschränken, die wir
Künstler nennen. Tausende und Abertausende von Menschen sind Künstler, die meisten von ihnen unbekannt. Aber
der bestimmende Faktor oder das *Subjekt operandi* ist das
Ich, das gemäß seinen Inhalten, Beschränkungen, Unvollkommenheiten und gemäß seiner Empfindung die Umformung bestimmt.

Wenn die intuitiv erfaßten Archetypen fließen, ohne von
den Schattierungen des Ichs blockiert zu werden, besteht
perfekte Übereinstimmung zwischen Idee und Ausdruck,

Inhalt und Form, zwischen der Welt der Ursachen und jener der Wirkungen.

Die Kunst und alle schöpferischen Ausdruckskanäle sind nur Mittel und dürfen nicht mit der Letzten Wirklichkeit verwechselt werden. Während man sich stufenweise Dem Einen-ohne-Zweitem nähert, wird jedes Mittel transzendiert, das seinen Zweck erfüllt hat. In dem Maß, in dem wir uns zum Einen erheben, verliert und erübrigt sich damit jede heilige oder weltliche Schrift, jede *yoga*-Technik und jede mehr oder weniger metaphysische Lehre, die als etwas aufgegeben wird, das seinen Zweck erfüllt hat.

Wenn man sich als Gefangener des Werkzeugs oder Ausdruckskanals oder aber des manifestierten Produkts wiederfindet, bedeutet das, sich entlang einer bestimmten Linie kristallisiert zu haben.[20]

Teil II

DER FEUERWEG

KONTEMPLATION DES HANDELNS

1. Wenn du etwas (Angst, Furcht, Lust, Schmerz etc.) spürst, werde dir bewußt, *wer* dieses Ereignis erfährt. Frage dich: *Wer* erfährt das Resultat dieser Wahrnehmung?

2. Wenn du irgendeine Gegebenheit, zum Beispiel einen Baum, einen Tisch, ein Haus etc. beobachtest, frage dich: *Wer* ist es, der beobachtet?

3. Wenn du an etwas *denkst*, unterbrich den Gedankenfluß und frage dich: *Wer* ist es, der denkt? Welche Beziehung besteht zwischen *mir*, dem Denkenden und dem Gedanken-Bild? Wer von beiden ist die *Konstante*, das *Unveränderliche*?

4. Wenn sich dein grobstofflich-physischer Körper verletzt hat, frage dich: *Wer* ist es, der Schmerz empfindet? Empfindest du dich ausschließlich als physischen Körper? Warum sorgst du dich dann? Siehst du nicht, daß diese Masse aus Fleisch und Knochen, kaum entstanden, gleich wieder verwest? Warum vergewaltigst du deine Natur, welche die Dualität von Lust-Schmerz erfährt? Wenn du dich für den physischen Körper *hältst*, gib dich seiner Natur hin, die

somit ja deine Natur ist, und folge den Rhythmen seines Wesens. Wenn du aber denkst, daß *Dasjenige*, welches erfährt, jenseits des Erfahrenen und jenseits derselben Erfahrung ist, frage ich dich, was du noch mit dem konfliktgeladenen Dualismus, mit dem grobstofflich-physischen Körper und seinen Veränderungen zu schaffen hast? Was hast du, wenn *du* unsterblich *bist*, dann mit dem zu tun, was *nicht* unsterblich *ist*? Reiße also jenen Widerschein des Bewußtseins (der dich das, was du nicht bist, spüren läßt) von der veränderlichen und dahinschwindenden Welt der *mâyâ*, korrigiere deine Ansicht, dieser oder jener zu sein, und fliege nach oben, um *Jenes* zu umarmen.

5. Eines Morgens beim Aufwachen hast du dir etwas vorgenommen: Heute werde ich dieses oder jenes tun. Am Abend aber hast du festgestellt, daß sich dein Vorhaben in Luft aufgelöst hat. Warum? Wenn du ein einziges Bewußtsein bist, ein einziger Wille ohne einen zweiten, wenn du eine einzige Intelligenz bist, ist es absolut unmöglich, daß dein Entschluß von jemand anderem oder von etwas, das nicht existiert, durchkreuzt wird. Wenn du von deinem Vorhaben abgebracht worden bist, heißt das, daß du nicht allein, daß du keine Einheit bist. Es bedeutet, daß es in dir ein Zweites gibt, das in Widerspruch zu dir steht: Ihr seid zu zweit. Und wer von euch beiden bestimmt? Wer ist es, der *in Wirklichkeit* entscheidet? Wenn ihr zu zweit, zu dritt oder zu viert seid, kann es keine Einheit der Verständigung geben. Wenn vielfältige, zweiträchtige Stimmen dein Bewußtsein vereinnahmen, befindest du dich in tiefem Konflikt, dann wirst du vom tausendköpfigen Ungeheuer zerfleischt.

Hast du dir überlegt, wie du das Problem deiner Dualität, deines Konflikts und deiner Bruchstückhaftigkeit lösen kannst? Du magst alle *Veda, Purâna*, alle höchsten Philosophien und Lehren dieser Welt studiert haben, aber wenn du selber nicht versuchst, deine einengende und samsarische Problematik aufzulösen, wird dir keinerlei Schrift die Lösung und Die *Verwirklichung* geben können.

6. Wenn du dir eines Morgens beim Aufwachen vornimmst, etwas zu tun, was du dann nicht tust, bedeutet dies, daß du noch nicht aufgewacht bist.

7. Du ergötzt dich zu sehr daran, Gedanken und Ideen zu erzeugen und dir Bilder auszumalen. Achtung! Du bist dabei, dir ein dichtes Spinnennetz zu weben, das dich früher oder später gefangennehmen, beherrschen und vergewaltigen wird.

»Man wird zu dem, was man denkt, dies ist das ewige Geheimnis« , sagt die *Upanisad*.

Wenn du deine Natur nicht verstehst und nicht lenkst, wird sie dich vernichten.

Die Onanisten ergötzen sich daran, das Denken zu manipulieren. Diejenigen dagegen, die bejahen, denken und *sind*.

Die Idee muß zu Fleisch oder Ausdruck werden.

Wer sich entschlossen hat, kann weder abwarten noch zulassen, daß das Denken in jenem Untergrund hoffnungsloser Unvollkommenheit umherirrt.

Wer *bejahen* kann, dem wird es gegeben sein, die Unsterblichkeit zu erlangen.

8. Wenn du am Abend staubbedeckt und müde heimkehrst, habe den Mut, dir alle Alibis einzugestehen, die sich dein Ich geschaffen hat, um der Gefahr, sich aufzulösen, zu entfliehen. Das Ich drängt gierig nach Stützen. Frage dich am Abend: Um wieviele Stützen habe ich betteln müssen?

9. Ganz instinktiv nutzt das Ich deine Sentimentalität und sogar manche Ideologie aus, um nicht sterben zu müssen. Es macht dich glauben, daß du dich hingeben mußt, daß du den anderen gehörst, daß du für die Unglücklichen arbeiten mußt, daß Isolation dem Altruismus schadet u.ä. Ich muß dir sagen: Paß auf, dein Ich stellt dir gerade eine Falle. Es ist dabei, sein Ableben hinauszuzögern. Es streichelt dein Ohr mit einer Musik, die erhaben zu sein scheint.

10. Das Ich verwendet Schmeicheleien, bedient sich der Eitelkeit und nutzt den in Samt gehüllten Stolz. Eine seiner vielen »Aufmerksamkeiten« ist es, sich nützlich, unersetzbar und wichtig zu fühlen. Alle Ichs halten sich – auf politischer, wirtschaftlicher, kultureller und spiritueller Ebene – für Missionare irgendeiner Sache. Es gibt kein Ich, das nicht im Namen eines Ideals, einer Ethik, einer Philosophie spricht. Merkwürdigerweise jedoch gelten diese Dinge immer für die anderen und nie für einen selbst.

11. Aber im Ernst: Wer die Absicht hat, sich mit eigenen Händen sein Grab zu schaufeln, hat keine Zeit, sich für diesen oder jenen zu halten, hierhin und dorthin zu gehen, nutzlose und ungeeignete Stützen zu erbetteln oder nach ausgleichenden Alibis zu suchen.

12. Wenn du einen Impuls spürst, »etwas tun zu wollen«, frage dich nach dem »Warum« dieser Bewegung.

Wenn du einen Anreiz spürst, sprechen zu wollen, frage dich nach dem »Warum« deiner Worte.

13. Wer danach strebt, die Schrecken eines Alptraums abzuschütteln, hat keine Zeit, sich mit Glaubensfragen, Moralvorstellungen oder gesellschaftlichen Philosophien aufzuhalten.

14. Sage mir, mein Freund: Hast du etwas von der *Qabbâlâh*, dem Sufismus, dem Pythagoreismus, der Magie, den *Veda* und dergleichen Dingen gelernt?

Bist du jetzt etwa dabei, jemandem mit deiner Gelehrtheit zu imponieren?

Denkst du etwa, daß du gegen Bildungslücken und Unvorhergesehenes gefeit bist?

Suchst du etwa gerade nach einem Gegner, den du mit sophistischen Periphrasen effektvoll niederschmettern kannst?

Bereitest du dich etwa gerade darauf vor, eine weitere Rolle auf der großen Bühne des Lebens zu spielen?

Hör gut zu, mein Freund: Gib diese ganze Wortgewandtheit auf und nagele deinen Verstand in die Stille, nagele deine Eitelkeit an das Kreuz Der *Verwirklichung*.

15. Schreibe – wenn du wirklich auf dem Weg der *vidyâ* bist – an die Wand deines Zimmers: Hier besteht die Absicht zu sterben – nicht zu beleidigen.

16. Drängt dich jemand dazu, mit den anderen, zusammen mit den anderen, Ellbogen an Ellbogen mit den anderen zu leben, indem er dich glauben macht, dies bedeute, die Menschheit zu lieben? Die Ratschläge der sogenannten Freunde! Erkenne, daß man in einer Höhle am Himalaya leben und mit der ganzen Menschheit vollkommen vereint sein kann, daß man für sie leben und zutiefst mit ihr mitfühlen kann.

Wer glaubt, einen Menschen zu lieben, weil er dessen Ellbogen oder Hand berührt, täuscht sich. Aber auch derjenige täuscht sich, der glaubt, einen Menschen zu lieben, wenn er ihm die Möglichkeit gibt, seine Wünsche zu erfüllen.

17. Bist du vielleicht der extremen Linken gefolgt, dann der extremen Rechten, hast du dich schließlich enttäuscht ins Zentrum gestürzt, um dann noch enttäuschter zu sein? Ich verstehe! Du bist verwirrt.

Wohin gehen? Zwingst du dich zu Isolation und Skeptizismus? Auch das ist ein Weg, aber nicht der richtige.

Wer sich auf der horizontalen Linie bewegt, begegnet immer den beiden äußeren und jener mittleren Linie. Das ist die Schlange, die sich in den Schwanz beißt. Warum versuchst du nicht, die horizontale Linie zu verlassen und der vertikalen zu folgen?

Der Punkt im Zentrum ist der Scheitelpunkt des Dreiecks, nicht die Grundlinie, wo du, wie gesagt, die beiden äußeren und jenen mittleren Punkt triffst. »Zwei Extreme bestehen durch die Behauptung, daß etwas ist und nicht ist. Der Weise, der die Extreme meidet, verweilt nicht einmal in der Mitte.«

18. »Der Mittelweg ist dort, wo es weder Mitte noch Seiten gibt. Wenn dein Verstand getrübt ist, bist du auf der einen Seite, wenn er nicht getrübt ist, bist du auf der anderen. Wenn nichts von dem existiert, wenn es den Mittelweg nicht gibt, ist dies der Mittelweg.«

19. Wenn du in Einfachheit lebst, spürst du kein Verlangen und keine Sehnsüchte, und wenn es keine Sehnsüchte gibt, lebst du in Frieden, weil du die Ursache der Unruhe und des Konflikts transzendiert hast. Sei einfach, unschuldig und arm. Enthülle den Göttlichen Gleichmut und hinterlasse beim Gehen keine Spur.

20. Der verzweifelte Kampf um den Erwerb von etwas, das auf magische Weise wieder verschwindet, ist entfremdetes Verhalten. Und doch, wieviel Energie, wieviel Kraft wenden wir auf, um uns der Dinge zu bemächtigen, die, bevor wir sie noch in den Händen halten, schon wieder verschwunden sind!

    Oh, beklagenswerter Drang nach Illusionen! Oh, Zauber verführerischer Blendwerke! Du, der du Millionen von Wesen dazu zwingst, in Dahinschwinden und Vergessenheit zu leben! Du, der du die Schwachen und Gierigen verhöhnst, weißt dich fügsam vor demjenigen zu verbeugen, der es wagt, dir den trügerischen Schleier zu entreißen.

21. »Ohne aus der Tür zu gehen,
    kennt man die Welt.
    Ohne aus dem Fenster zu schauen,
    sieht man die Wege des Himmels.

Je weiter einer hinausgeht,
desto geringer wird sein Wissen.
Darum braucht Der Weise nicht zu gehen
und kommt doch an.
Er braucht nicht zu sehen
und kennt doch die Namen (der Dinge).
Er braucht nichts zu tun
und vollendet doch.«
(Lao-Tse)

22. »Wer das Lernen übt, vermehrt täglich.
Wer das *Tao* übt, vermindert täglich.
Er vermindert und vermindert,
bis er schließlich ankommt beim Nicht-Tun.«
(Lao-Tse)

JÎVANMUKTA

23. So wie es Elementarteilchen gibt, die im elektromagnetischen Feld der Erde ein- und austreten, ohne sich zu
verändern, so gibt es Seelen, die im elektromagnetischen
Feld des Menschen ein- und austreten, ohne irgendeine
Veränderung anziehend-abstoßender Natur zu erfahren.

   Diese Seelen nennt man Befreite, Verwirklichte, *jîvanmukta*.

24. Jede Aktion oder jede einfache Bewegung der Sinnesorgane, jede bewußtheitliche Veränderung ist etwas Nicht-Voll-
endetes.

25. »Ich bin mit mir selbst identisch, weil ich nicht aus Teilen
bestehe. Ich bin jenseits des Handelns und Nicht-Han-
delns. Wie kann sich Jenes Eine bewegen, das unendlich,
ewig und dem Himmel gleich ist?«
(Vivekacûdâmani 502)

26. »Wie könnte ich Vorzüge und Fehler haben, ich, der ich
ohne Sinnesorgane und ohne Verstand, ohne Veränderungen und ohne Form bin?...«
(ebd. 503)

27. »Der Zeuge wird nicht von den Eigenschaften der Dinge berührt, weil er von ihnen verschieden ist, ohne Veränderungen und gelassen wie eine Lampe, die ein Zimmer erhellt, ohne von den Eigenschaften des Zimmers berührt zu werden.«
(ebd. 505)

28. »So wie die Sonne Zeugin der Handlungen der Menschen ist, so wie das Feuer unterschiedslos alles verbrennt und so wie das Stück Seil mit dem verbunden ist, was man darüber legt, bin ich identisch mit mir selbst, Unbeirrbares *âtman*, Höchste Intelligenz.«
(ebd. 506)

29. »Ich handle nicht mehr, noch lasse ich die anderen handeln, ich mache keine Erfahrungen, noch lasse ich die anderen Erfahrungen machen, ich sehe nicht, noch lasse ich die anderen sehen, ich bin das Strahlende und Transzendente *âtman*.«
(ebd. 507)

30. »Ob dieser leblose Körper hierhin oder dorthin, auf die Erde oder ins Wasser fällt, kümmert mich nicht, weil ich – so wie die Luft in Bezug auf den Krug – von seinen Eigenschaften nicht mehr berührt werde.«
(ebd. 509)

31. »Was teile ich mit den zehn, hundert oder tausend Veränderungen, die in der *prakriti* stattfinden, ich, der ich Absolute

Erkenntnis bin? Können die Wolken jemals am Himmel kratzen?«

(ebd. 511)

32. Es gibt weder Veränderungen, Verwirrungen noch Störungen Der Wirklichkeit, sondern lediglich verschiedene Aspekte der *mâyâ*.

Die Höchste Wirklichkeit bleibt immer unverändert und bedingungslos. Es ist die *mâyâ*, die Erscheinung, die sichtbar wird und verschwindet, die ist und die nicht ist.

33. »Oh Seliger, wozu dient der Genuß der Begierden in diesem stinkenden und wesenlosen Körper, Masse aus Knochen, Haut, Muskeln, Mark, Fleisch, Sperma, Blut, Schleim, Tränen, Kot, Urin, Galle und Trägheit? In diesem Körper, der von Begierden, Wut, Gier, Abstumpfung, Furcht, Kummer, Eifersucht und Getrenntsein von dem, was er liebt, durchdrungen ist; der mit dem vereinigt ist, was er nicht liebt, mit Hunger, Durst, Alter, Krankheit, Schwäche etc.?

Ferner sehen wir, daß dieses ganze Universum vergänglich ist wie die Viehbremsen, Fliegen und anderen Insekten oder wie die Grashalme und Bäume im Wald, die gedeihen und vergehen. Aber warum sprechen wir über sie? Es gibt andere, weit höhere, mächtige Bogenschützen, universale Herrscher vergangener Zeiten, Sudyumna, Bhûridyumna, Indradyumna, Kuvalayâshva, Youvanâshva, Vadhryâshva, Ashvapati, Shashabindu, Harishcandra, Ambarîsha, Nanaktu, Sharyâti, Yayâti, Anaranya, Ukshasena und andere mehr; oder Könige wie Marutta oder Bharata. Vor den Augen ihrer Verwandten entsagten sie Macht und Ruhm und

traten in diese andere Welt ein. Aber warum sprechen wir über sie? Es gibt andere, noch viel höhere Wesen: Gandharva, Asura, Yaksha, Râkshasa, Bhûta, Gana, Pishâca, Schlangengeister und Vampire etc.: Auch ihren Untergang haben wir erlebt. Aber warum sprechen wir über sie? Es gibt andere, weit höhere: Die großen Ozeane sind ausgetrocknet, Berge eingestürzt, der Polarstern hat seine Position verrückt, das Windrad ist gebrochen, Erdteile wurden überflutet, göttliche Wesen haben ihre alten Wohnstätten verlassen. Was in solch unaufhörlichem Fluß nutzt die Befriedigung der Wünsche, auf Grund derer derjenige, der sie genossen hat, mehr als einmal zurückkehren muß? Mögest du mich davon befreien! In dieser unaufhörlichen Bewegung lebe ich wie ein Frosch in einem ausgetrockneten Brunnen. Oh Herr, du bist der Weg, der uns zur Befreiung führt! Du bist der Weg, der uns zur Befreiung führt!«
(Maitry up. I, 3-4)

34. »... Derjenige, der nicht begehrt, der keine Begierden hat, der sich von den Wünschen befreit hat, der das Objekt seines Begehrens erhalten hat, weil er nichts anderes als das *âtman* begehrt, wird vom Lebenshauch nicht verlassen. Da er nichts als *Brahman* ist, wird er mit *Brahman* wiedervereinigt.

Diesbezüglich lauten folgende Verse:
›Wenn alle Begierden, die im Herzen schlummern, verschwinden, wird der Sterbliche unsterblich und kann *Brahman* schon hier unten genießen.‹«
(Brihadâranyaka up. IV, IV, 6-7)

35. »In der erhabenen Hülle aus Gold ist der Sitz des unbeweg-
ten, reinen, ungeteilten, Strahlenden *Brahman*, Licht der
Lichter: Es war den Kennern des *âtman* bekannt.

Weder Sonne, Mond und Sterne noch Blitze, vom Feuer
ganz zu schweigen, glänzen in Ihm. Voller Glanz ist Es, und
alles, was existiert, erstrahlt in Seinem Licht. Dies ist das
Unsterbliche *Brahman. Brahman*, das sich nach Osten,
Westen, Norden und Süden erstreckt, nach oben und nach
unten. *Brahman* ist alles, Es ist das Außerordentliche.«
(Mûndaka up. II, II, 10-11)

36. Ein *Brâhmana*, der die Welten als Resultat des angesammel-
tem *karma* betrachtet, wendet sich angewidert ab und
denkt, daß man durch das Geschaffene nicht Das Unge-
schaffene erlangen kann.«
(ebd. I,II,12)

37. In Gaudapâdas *Ajâti vâda (Asparsha Yoga)* heißt es, daß sich
auf Grund der *mâyâ* die Wirklichkeit der Träume und die
Träume der Wirklichkeit nicht zu etwas hinentwickeln
können, daß sie jedoch komplett verschwinden, sobald Die
Verwirklichung des *âtman* erreicht ist.

38. Die Initiatische Überlieferung sagt uns, daß der Mensch ein
gefallener, zurückgebildeter Gott ist. Aus dem Zustand Der
Harmonie ist er in Disharmonie gefallen. Aufgabe Der
Verwirklichung und Der Einweihung ist es, das Wesen in
seine wahre Natur wieder einzugliedern.

Der Mensch »entwickelt sich« also nicht nach vorne,
sondern zurück. In der heutigen Zeit sind seine Rückbil-

dung und sein Verfall besonders stark. Aber ist ist nicht die Zeit, die das Wesen zu sich selbst führt, sondern seine Bewußtseinsnahme und sein Wiedererwachen zu dem, was es wirklich ist.

39. Dasselbe meint die christliche Lehre, wenn sie sagt, daß der Ur-Adam aus seinem harmonischen-paradiesischen Zustand gefallen ist und damit seine Verbindung zu Gott geschwächt hat. Christus ist gekommen, um den »gefallenen« Menschen in Gott wieder einzugliedern.

40. Das Wesen kann *denken* was es will: Es kann an Harmonie oder an Disharmonie denken, oder an das, was wir gut und böse nennen. Es kann sich Gefängnisse bauen oder sich für die Freiheit entscheiden. Der Mensch hat unbegrenzte Lebensmöglichkeiten, weil er – von Natur aus – die Freiheit hat, sein eigenes Schicksal selbst zu gestalten.

41. Früher oder später wird der Mensch einsehen müssen, daß es nicht Gott ist, der seine energetische Richtung bestimmen will, sondern seine eigene essentielle Natur.

Solange er nicht begreift, daß er selbst Herr über sein Schicksal ist, schiebt er seine Probleme der Unvollkommenheit nicht nur auf, sondern schafft sich sogar noch das Alibi, die Ursache seiner Konflikte und seiner Sorgen auf eine »Personifizierte Gottheit« abzuwälzen.

42. Für das »Kind« , das die Verantwortung über die eigenen Handlungen noch nicht übernommen hat, ist es bequem,

die Auswirkungen seines Handelns auf die anderen abzuschieben. Wenn es aber erwachsen ist, muß es sich seiner Entscheidungen bewußt werden.

43. Dieser Planet ist voller Konflikt und Schmerz, weil der Mensch ihn sich so vorstellt. Je mehr die Individuen begreifen, daß sie das sind, was sie denken, umso mehr werden sie die Richtung ihrer Denkenergien »korrigieren« können.

44. Wenn der Mensch Das Gute und Das Schöne wirklich *will*, braucht er es nur zu verwirklichen. Keinerlei individueller oder kapriziöser Gott verbietet es ihm, es gibt keinerlei bösen oder gewitzten Teufel, der ihn daran hindert.

45. »... So ist der Ausdruck »Wiedererweckung« für diese und ähnliche Umwandlungen am besten geeignet.

Im übrigen klingt nach heutiger und vor allem idealistisch-historischer Auffassung der Begriff »erschaffen« nach einem verdeckten »Evolutionismus«. Dieser setzt als Ausgangspunkt ein »Weniger« voraus, während er etwas vor sich hat, das er vermehren kann. Die Sichtweise der Einweihung ist genau entgegengesetzt: Der in *signo rationis* ursprünglich »gerechte Zustand« des Wesens hat kein »Mehr«, sondern eher ein »Weniger« jenseits von sich (hierher kommt die alexandrinische Lehre über das *Abnehmen* der Lichtgrade im *próodos*, wörtlich zu übersetzen mit »Fortschritt«). So kann man nicht von einem Nicht-Gott oder Nicht-Schöpfer sprechen, der zu einem Gott oder Schöpfer des Werdens wird ..., sondern von einem Wiedererwachen

und von einem Sich-Wiedereingliedern oder In-sich-Zu-
rückkehren, von einem »Gott, der schläft« (Clemens von
Alexandrien) oder von einem »betäubten Engel« (Jakob
Böhme).[21]

46. Wenn das Evolutionäre-Empirische real wäre, dann würde
Das Absolute vom Relativen-Empirischen abhängen.
    Wenn das Zeit-Raum-Gefüge real wäre, dann würde das
Zeitlose Absolute durch die Zeit bedingt sein.
    Wenn das Endliche-Kontingente real wäre, dann würde
Das Unendliche durch das Endliche begrenzt sein.
    Wenn beide, Das Unendliche und das Endliche, Das
Zeitlose und die Zeit, Das Absolute und das Relative real
wären, dann würde es zwei Arten von Wirklichkeit in Ein
und Demselben Prinzip geben.
    Wenn die Dualität real wäre, wäre das ein Widerspruch
im Prinzip, und der Widerspruch würde Das Prinzip aufheben.
    Wenn die Dualität real wäre, wer von beiden würde dann
zuerst kommen?

47. Die Dualität entsteht im kindlichen und unruhigen Verstand eines Menschen, der aus seiner Verantwortung flüch-
ten will.

48. Im *Parinâma Vâda* (Lehre der Emanation)[22] erscheint uns
das *âtman* als die Ursache des Ganzen. Im *Ârambha Vâda*
(Lehre des evolutionistischen Dualismus) erscheint uns das
âtman als das Gegenteil unserer auf Erscheinungen gegrün-
deten Wirklichkeit.

Der *Vivarta Vâda* oder *Ajâti Vâda* (Lehre der Nicht-Erzeugung) sagt, daß die empirische Wirklichkeit weder absolut real noch irreal, sondern nur eine Erscheinung (*Phänomen*) ist, die auftaucht und verschwindet (*mâyâ*).

BRAHMAN

49. Es gibt ein absolut Einfaches Prinzip, das allgegenwärtig ist und alles, was offenbar und nicht-offenbar ist, durchdringt. Die *Rishi* verwirklichten es als Absolute Stille.

50. *Brahman* wird als *Sat-Chit-Ânanda* (Sein-Bewußtsein-Glückseligkeit) bezeichnet. Diese Begriffe sind nicht seine Eigenschaften, sondern Ausdruck des analytischen Verstandes des Menschen.

Sat ist reines, absolutes, eigenschaftsloses und unendliches Sein. *Chit* ist die dem *sat* wesensgleiche Intelligenz. *Ânanda* ist die Fülle von *sat*. Das Absolute Sein lebt in seiner Fülle-Glückseligkeit und in seiner Intelligenz oder in seinem Selbstverständnis.

Mit anderen Worten, *sat* versteht sich selbst als absolute Fülle. Das Sein lebt in sich selbst, für sich selbst und mit sich selbst. Außerhalb Des Seins gibt es weder Existenz noch Nicht-Existenz.

In seiner Absolutheit und Unbestimmtheit ist *Brahman* jenseits des *Sat-Chit-Ânanda*, denn Das Absolute geht über Das Sein und das Nicht-Sein, über das Ewige und das Vergängliche sowie über das Subjekt und das Objekt hinaus.

Oft wird es auch als Nicht-Sein bezeichnet, weil es die Negation jeder Eigenschaft, Bestimmung und Klassifizierung darstellt. Der Verstand kann nur in Begriffen von positiv und negativ denken. Jeder empirische Begriff ist nur ein Begriff der Beziehung und des Verhältnisses. *Brahman* aber ist jenseits von jeder Beziehung und jedem Verhältnis.

51. Wenn das Individuum nur Ausdruck seines empirischen Verstandes wäre, könnte es *Brahman* nicht verstehen.

Es ist jedoch nicht nur der empirische Verstand: Indem es sich dem empirischen Überrationalen öffnet, gelingt es ihm, *Brahman* zuerst *intuitiv* zu erfassen und dann zu verwirklichen.

52. Weil *Brahman* Das Absolute und das Eine ohne Zweites ist, kann es nicht *wahrgenommen*, erdacht oder begrifflich gemacht werden, sondern einfach nur *verwirklicht* werden.

Die Letzte Wirklichkeit, die ohne zweite ist, kann *enthüllt*, aber nicht objektiviert werden.

Das Leben des Individuums kann nur verwirklicht und enthüllt, aber nie objektiviert werden. Der Mensch als *Einheit* kann sich nicht spalten und sich als etwas *anderes* betrachten, als er ist.

Die Letzte Einheit kann nicht gespalten werden. In Der Einheit herrscht weder Gegensatz, Dualität, Verschiedenheit noch Widerspruch.

Es gibt kein anderes Absolutes außerhalb Des Absoluten.

53. Was auf empirische Weise nicht verstanden werden kann, kann mit dem Bewußtsein verwirklicht werden.

Das Individuum kann seine Letzte Essenz verwirklichen, weil es in ihr seine Wurzeln hat.

Wenn sich der Mensch nur als Denken, das in Beziehung zu etwas steht, definiert, wird er sich nie mit Seiner Essenz, Dem Absoluten wiedervereinigen können. Sich nur als Verstand zu begreifen, bedeutet, Die Wirklichkeit unwideruflich zu spalten und sich in einen absolutistischen Relativismus hineinzuzwängen; anders gesagt bedeutet es, sich als »Widerspruch« anzuerkennen.

54. Wer glaubt, nur Körper-Verstand zu sein, hält sich für relativ und vergänglich. Für etwas Relatives und Vergängliches zu leben, ist wirklich paradox und sinnlos.

Wenn ein Planet oder eine Sonne entsteht, wächst und stirbt, frage ich mich: Warum sollen wir verzweifelt kämpfen, wenn wir statt der Hoffnung zu leben nur die Gewißheit des Todes haben?

Wozu soll man sich um etwas bemühen, das zur Vernichtung bestimmt ist? Man kann mir antworten, daß man für die anderen kämpft, die im selben Boot sitzen.

Aber jene, lieber Bruder, die du die »anderen« nennst, sind genauso vergänglich wie du. *Was* kann denen, die ich schon als kalte Kadaver sehe, meine Hilfe nützen?

Man kann mir antworten, daß man für diejenigen kämpft, die noch kommen werden.

Wie aber kann ich mich für etwas einsetzen, das noch gar nicht existiert? Und werden nicht auch diese kommenden Menschen – falls sie tatsächlich in die Existenz treten werden – in den Abgrund des Nihilismus fallen?

Es ist sicher kein Ansporn, für eine Gesellschaft zu kämpfen, die auf der Gewißheit ihrer Zerstörung errichtet ist.

Wenn der Kampf nicht dazu dient, etwas Ewiges zu erlangen, ist er sinnlos.

Wenn der Kampf nicht zum Leben führt, sondern zum Tod und zur Vernichtung, ist es ein Kampf, der die Intelligenz und Logik verhöhnt.

Wenn das Leben des Menschen keinen tieferen Sinn hätte, der die individuelle Dimension überschreitet, würde es nur ein großer Betrug und eine irrationale Grausamkeit sein: Wer scharf überlegt, könnte sich gegen solch ein »zukunftsloses« Leben entscheiden.

55. Man muß den Verstand, der nicht versteht oder uns auf irrationale Weise in eine Sackgasse führt, loslassen. Wir müssen in die *buddhi* (zur überbewußten Intuition) gelangen, die uns unbekannte Dimensionen und Wahrheiten eröffnet, die nicht von dieser Welt sind.

Der auf die Sinne ausgerichtete Verstand lebt für das Vergängliche und die Illusion. Einerseits haftet dieser sinnesorientierte Verstand verzweifelt an den Dingen und Ereignissen, und andererseits prophezeit er seinen eigenen Tod, seine Vernichtung und seine Leere.

Wer sich als den auf die Sinne ausgerichteten Verstand definiert, ist eine lebende Leiche, die nach ausgleichenden Alibis sucht, weil sie sich als Leiche nicht akzeptieren mag.

56. *Brahman* ist die Gewißheit deiner Existenz, der erquickende Hafen, Die Wirklichkeit selbst deines Denkens. Dein Kampf hat einen Sinn: Du mußt *dich wiederfinden*, du mußt *wieder aufwachen*, du mußt dich selbst als Absolute

Fülle wiedererkennen. *Brahman* ist der Rettungsanker für deinen nihilistischen und einseitigen Verstand, Es ist deine Unsterbliche Essenz, deine zeitlose Dimension.

Eine Gesellschaft macht Sinn, wenn sie nach ihrer zeitlosen Wiederfindung strebt, wenn ihr Handeln danach strebt, sich als Glückseligkeit zu verstehen, wenn ihre Beziehungen voller Hoffnung sind, sich als Einheit und Lebenssynthese wiederzufinden.

Eine Gesellschaft, die nur um ihrer Form, ihres Körpers, ihrer Bedürfnisse und ihrer rastlosen Begierden willen lebt, ist eine Gesellschaft ohne Zukunft, eine Gesellschaft, die, so lebendig sie auch erscheinen mag, schon tot ist; sie vegetiert dahin, anstatt eine Gesellschaft weiser Menschen zu sein.

57. *Brahman* ist »nicht dies, nicht das« (*neti, neti*), nicht die vergängliche und verhöhnenswerte Pseudo-Wirklichkeit, von der wir zuvor gesprochen haben.

Brahman ist »*satyam jnanam anantam*«: unendliche Wahrheit und Erkenntnis.

Brahman ist jenseits aller sophistischen Erklärungen des unwissenden, auf die Sinne ausgerichteten Verstandes, die versuchen würden, Es zu beweisen oder zu widerlegen.

Brahman kann nur verwirklicht, enthüllt und erfahren werden; und wenn wir darüber sprechen, dann nur aus dem Grund, das Bewußtsein zur Anerkennung seiner Unsterblichkeit anzuregen.

58. *Brahman* ist die Absolute *Konstante* und unterliegt keinen Veränderungen. *Brahman* ist Die Konstante, und das ganze

auf Erscheinungen basierende Leben ist jenes dahinschwindende Phänomen, das nur deshalb wahrgenommen werden kann, weil es Die Konstante gibt. Während die Erscheinung kommt und geht, bleibt Die Konstante bestehen. Während deine Körper-Erscheinungen kommen und gehen, bleibt Die Konstante in dir; Jene Konstante, die den Körpern erst ihren Sinn und Wert verleiht.

Wir sehen, wie sich das Leben der Erscheinungen auf unserem Planeten entwickelt, weil die Sonne als Lebensspender und Unveränderliche Konstante existiert.

Max Planck, Nobelpreisträger der Physik, sagt: »... gilt es das Absolute, Allgemeingültige, Invariante herauszufinden, was in ihnen steckt.«

Nun, genau dies ist das Ziel des *Advaita Vedânta* und des *Asparsha Yoga*.

Und das »*neti, neti*« ist das Werkzeug, das dich zur Brahmanischen Konstanten, zum Allgemeingültigen und Invarianten führt, das sich hinter den Lebenserscheinungen, hinter der Welt der Namen und Formen befindet.

Wenn du Die Konstante nicht sehen kannst, liegt das daran, daß du mit dem sinnlichen Auge schaust. Ein Elektron kannst du nicht sehen; das heißt aber nicht, daß es inexistent oder irreal ist.

So wie ein spezielles Gerät notwendig ist, um das Elektron sehen zu können, so ist eine totale Umformung des auf die Sinne ausgerichteten Bewußtseins notwendig, um *Brahman* »sehen« zu können.

59. Dein Konflikt, dein Leid und deine Widersprüche werden nicht dadurch gelöst, daß du moralistische Kampagnen

startest oder die gesellschaftlichen Strukturen veränderst. Sie lösen sich auch nicht durch das Streben nach materiellen Dingen-Ereignissen, sondern einzig und allein durch die Verwirklichung des *Brahman*, das deine wahre innere Essenz ist. Es geht darum, daß du deine Unsterblichkeit und deinen Seelenfrieden wiederfindest.

Immer wenn du auf der Suche nach etwas bist – sei es materieller, emotionaler oder mentaler Art – heißt das, daß dir etwas fehlt. Wisse, daß alles, was du dir als Allheilmittel gegen deine Unvollkommenheit »in den Mund« steckst, Ablenkung ist, die dich zu immer größeren Bedürfnissen zwingt und in Entfremdung führt.

Eine Gesellschaft, die auf Konsumdenken oder auf der Diktatur des formal-körperlichen Materialismus basiert, ist eine Gesellschaft, die ihrem Grundproblem ausweicht, die versucht, sich zu betäuben, anstatt sich aufzulösen und wiederzufinden. *Brahman* ist Die Konstante, die deinen Konflikt, deine Beziehungen, deine Unentschiedenheit, deinen Hunger nach Erwerb und deine aggressive Selbstbehauptung auflöst.

60. Es gibt nur eine Religion, die zum *Brahman*-Unendlichen führt.

Es gibt nur eine Politik, die auf einem ethischen Verhaltenskodex universaler Gültigkeit basiert, rein materielle Dingen nicht überbewertet und das Kapital-Arbeits-Gefüge in *Einklang* bringt.

Es gibt nur eine Philosophie, die das Bewußtsein nach der Wirklichkeit der Brahmanischen Konstanten formen kann.

Es gibt nur eine Wissenschaft, welche die auf Erscheinungen gründende Illusion des formalen Lebens versteht, jene, deren Ziel die Universale Konstante ist.

61. Es gibt nur eine Absolute Wirklichkeit: *Brahman nirguna* (unendlich und ohne Eigenschaften).

Der Sinnenmensch kann Die Wirklichkeit nur in Begriffen des Menschlichen, der Qualität und der Eigenschaft erfassen. Nach seiner Vorstellung entwirft er sich einen Gott, der gut, schlecht, liebevoll, mächtig, wohltätig, erbarmungslos, rachedurstig, weinerlich, freudig etc. ist. Aber all dies sind Eigenschaften, die der menschlichen Natur innewohnen.

Die Wirklichkeit ist jenseits jeder Eigenschaftsbestimmung, jenseits jeder verstandesorientierten Darstellung – so erhaben und logisch sie auch sein mag.

Die Wirklichkeit entzieht sich dem Verstand, der Eigenschaften, Neigungen und Ziele objektiviert.

62. *Brahman nirguna* (die Wirklichkeit-Konstante) ist das Eine ohne Zweites des vollkommen verwirklichten und befreiten *advaitin* und *asparshin*. *Brahman saguna* (Person) ist für diejenigen das *Zweite*, die noch nicht für alle Bezeichnungen und Bestimmungen des Lebens gestorben sind.

Einige sehnen sich nach der authentischen Einheit und Unendlichkeit, andere nach Dualität und Bestimmung.

Aber zwischen Brahman nirguna und Brahman saguna bestehen weder Widersprüche noch Dualität: Die existieren nur im Verstand des sinnesorientierten Individuums.

Es kann nur eine Einzige Wirklichkeit geben, und darüber, denke ich, sind wir uns alle einig. Aber jeder von uns stellt sie sich auf unterschiedliche Art und Weise vor.

Die *Brahman*-Konstante kann aus vielerlei Perspektiven betrachtet werden: als *saguna*, Shiva, Kether, Jehovah, Allah, Krishna, Rudra, Agni, als die Zeit und der Raum, als Das Unbewußte, Das Gute, Das Schöne, Das Gerechte; als Das Unendliche, das Nichts oder die Leere.

Jedes Menschenkind hält an seiner Lieblingsprojektion fest und kämpft bis zum bitteren Ende, um seine vergötterte Projektion zu erhalten.

Die Individualismen, Sekten und Diktaturen jeder Art und jeden Grades entstehen und setzen sich ihrer ausgeprägten Projektionstätigkeit wegen fort.

Brahman nirguna ist hinter all diesen Objektivierungen, Es ist Die Konstante, um die sich alle möglichen raum-zeitlichen Projektionen drehen, Es ist das einzige und dauerhafte Substrat, auf das sich das manasische Hell-Dunkel legt.

Wenn du die Unsterblichkeit und die Einheit des Lebens liebst, löse dich in *nirguna* auf. Wenn du alle möglichen Gesichtspunkte überschreiten willst, löse dich in *nirguna* auf. Wenn du die gesamte Erscheinungs-Vielfalt des Lebens auflösen willst, tauche in *nirguna* ein. Wenn du die Waffen des Kampfes, der Widersprüche, Gegensätze und Unterschiede niederlegen willst, löse dich in *nirguna* auf.

63. Zum *nirguna* gelangst du durch den *nirvikalpa samâdhi*, zum *saguna* durch den *savikalpa samâdhi*.

Der eine gibt dir die Erfahrung der ganzheitlichen, totalen, universalen Auflösung, der andere die Erfahrung der

Einheit mit deinem Objektivierten Ideal. Der zweite ist eine Erfahrung im üblichen Sinn des Wortes. Beim ersten handelt es sich um eine nicht-duale Erfahrung.

Der *saguna* löst die Bestimmungen, Begrenzungen und Unterscheidungen weder auf noch vernichtet er sie, sondern bringt sie in Einklang miteinander, er vereint sie und schafft eine Synthese.

Der *nirguna* überschreitet und beseitigt jede Unterscheidung und Bestimmung, so wie der Wind den Nebel vertreibt.

Wenn du kühn bist und voll Würde, überschreite den Abgrund; dann wirst du dich im Zeitlosen wiederfinden.

Wenn du Angst hast und keine Würde, kannst du dich zumindest in das wieder eingliedern, was sich deine Seele als Schönstmögliches vorstellen kann.

64. Wenn Die Konstante das ist, was fortbesteht, ist die *phänomenische Erscheinung* das, was unbeständig, relativ und konfliktgeladen ist und nicht fortbesteht.

Die Konstante kann durch keinerlei Erfahrung, Begrifflichmachung oder Ereignis zunichte gemacht werden. Die Erscheinung ist das, was sich im Zeit-Raum-Gefüge verliert, widerlegt und vernichtet.

Die Erscheinung (*mâyâ*) kann verschiedene Grade der Bewertung und der Perspektiven haben, verschiedene Wahrheitsgrade sozusagen, die im Zeit-Raum als real betrachtet werden können, aber nicht im absoluten Sinn. Sie hat, wissenschaftlich ausgedrückt, verschiedene Koordinatensysteme.

Eine Wolke am Himmel ist wahr. Da sie aber entsteht und vergeht, kann man sie nicht als eine Konstante oder als ein Absolutes betrachten. Sie hat daher nur einen gewissen Grad an *relativer Wahrheit.*

Wenn wir den Mond betrachten und ihn durch ein Lichtspiel als zwei Monde sehen, sagen wir, daß es eine falsche Wahrnehmung war, das heißt, daß wir einer Illusion verfallen sind. Genauso ist es, wenn wir eine Luftspiegelung in der Wüste beobachten und sagen, daß es sich um eine optische Täuschung handelt. Diese Luftspiegelung hat einen anderen Grad an Wahrheit ..., weniger wahr natürlich als der Wahrheitsgrad der ersten Betrachtung.

Wenn wir sagen, daß eine sterile Frau einen Sohn geboren hat, daß ein Hund Hörner hat oder der Kreis quadratisch ist, behaupten wir etwas Nicht-Wirkliches, wir befinden uns im Nicht-Wahren. So wie ein Koordinatensystem durch ein anderes Koordinatensystem widerlegt werden kann, so kann die relative Wahrheit durch eine andere relative Wahrheit widerlegt werden. Der wolkige Himmel wird durch den blauen und klaren Himmel widerlegt. Der Traum – relative Wahrheit für den Träumer – wird durch den Wachzustand widerlegt, das Licht wird durch die Dunkelheit widerlegt, das formale Leben wird durch den Tod widerlegt etc. Ebenso wird die falsche Wahrnehmung durch andere mögliche Wahrnehmungen widerlegt. Wir können zwei Monde wahrnehmen und manch einer auch drei. Die Luftspiegelung, die wir in der Wüste wahrnehmen, wird durch ihr eigenes Verschwinden widerlegt.

Dennoch stellen die relative Wahrheit und die scheinbare Wahrheit Erfahrungstatsachen dar. Ein Traum ist eine deutliche Erfahrung für das träumende Bewußtsein, so wie die Beobachtung einer Luftspiegelung eine spezielle Erfahrung ist. Das Irreale ist das, was nicht erfahren werden kann. Ein Objekt ist irreal, wenn es auf Grund seines Widerspruchs in sich selbst keine Gegebenheit einer Sinneserfahrung sein kann.

Die relative Wahrheit oder die der Beziehung und jene der Erscheinung bilden die *mâyâ*. Wenn man behauptet, daß die relative oder scheinbare Wahrheit die absolute Wahrheit ist, die sich auf sich selbst stützt und von anderen Wahrheiten unabhängig und selbständig ist, daß die *mâyâ* also mit anderen Worten ihre absolute Gültigkeit hat, begeht man einen metaphysischen Irrtum und fällt in Unwissenheit (*avidyâ*). Trotzdem behaupten viele »gelehrte« Menschen, daß *Halbwahrheiten* repräsentativ für die ganze Wahrheit sind.

Das gesamte formale Leben muß zwangsläufig als *Erscheinung*, das heißt, als relative Wahrheit, also als *mâyâ* eingestuft werden.

Für den *Advaita* und vom empirischen Gesichtspunkt aus ist die Erscheinung nicht irreal, sondern *mâyâ*, etwas Wahrnehmbares also. Es ist jedoch eine *relative Wahrheit*, die durch eine andere relative Wahrheit widerlegt werden kann: Sie ist daher keine absolute Wahrheit.

Die Absolute Wahrheit ist einzig und allein *Brahman*. Denn es kann keine Erscheinung (keine Bewegung) geben, die von sich selbst abhängt.

Das Universum ist »formgebende Bewegung«, eine formale Erscheinung des Lebens, eine Luftspiegelung, eine große Wolke, die erscheint und verschwindet.

65. Wirklichkeit, Erscheinung und Unwirklichkeit sind die drei Arten des Seins und des Nicht-Seins, die der menschliche Verstand erkennen und erfahren kann.

Diese drei Arten sind logische Begriffe, die der Unterscheidung dienen: Vom Gesichtspunkt Der Wirklichkeit aus existiert nur das Absolute Wirkliche, weil alles andere Nicht-*Brahman* und nicht-konstant ist.

Wenn alle Objektivierungen des Subjekts und des Objekts transzendiert sind, gibt es keine Gegebenheit mehr, die wahrgenommen oder erfahren werden kann.

Wenn der Traum aufgelöst worden ist, existiert er nicht mehr: Vom Gesichtspunkt des Wachzustands aus existiert keinerlei Traum.

Wenn unser Planet im interstellaren Raum verschwunden sein wird, werden keine Wolken mehr existieren. Vom Gesichtspunkt der Absoluten Wirklichkeit aus existierte nie eine Wolke.

66. Die *mâyâ* kann nicht erfaßt werden, weil sie in dem Moment, in dem man sie betrachtet, verschwindet. Genauso kommt uns in dem Moment, in dem wir bewußt den Traum beobachten und wahrnehmen wollen, der Wachzustand mit einem neuen Ausdruck entgegen.

Die *mâyâ* existiert und existiert nicht. Sie existiert, weil sie eine Tatsache darstellt. Sie existiert nicht, weil sie weder konstant noch real ist.

67. Die Behauptung, das Universum existiere ohne *Brahman*, ist so, als würde man sagen, daß wir ohne Beine gehen können.

Gewöhnlich sind wir felsenfest davon überzeugt, daß das Universum für sich selbst und in sich selbst existiert und daß es keine andere Wahrheit gibt – außer jener, die wir in Form von Erscheinung sehen. Damit behaupten wir, daß der Mensch ohne Beine geht oder daß das Licht, das unserem Planeten das Leben spendet, von der Erde kommt und nicht von der Sonne.

Der größte Konflikt des Menschen beruht nicht auf der Tatsache, daß er seine gesellschaftlichen Probleme nicht löst, sondern daß er in Unwissenheit (*avidyâ*) ist, die sich auf die Natur seiner eigenen Essenz bezieht.

Die Verwirklichung Des *Brahman* ist das Ende jeder Illusion, jeder relativen Wahrheit, jedes Konflikts und Schmerzes.

68. Wer sich noch zu sehr mit seinen (mehr oder weniger edlen) Leidenschaften, Idealen und relativen Wahrheiten identifiziert, wer noch zu oft von Notwendigkeit und Verzweiflung niedergeschlagen wird, wer sich noch zu intensiv mit der Suche und dem mentalen und imaginären Philosophieren beschäftigt, ist für die Brahmanische Glückseligkeit noch nicht bereit.

Wer noch nach sinnlichen Genüssen und materiellen Reichtümern giert, wer noch unter dem *Zwang* steht, anderen etwas geben zu wollen, das er selber nicht hat, ist für die Brahmanische Vollkommenheit noch nicht bereit.

Und doch befindet sich in diesem qualvollen Strudel, der nach außen treibt, jedes Individuum an seinem richtigen Platz, denn: »Man wird das, was man denkt. Dies ist das ewige Geheimnis«.

FREIHEIT UND SKLAVEREI

69. Die äußerste Grenze der Sklaverei ist das Nicht-Bewußt-sein, Sklave zu sein.

Die Welt der Sklaverei ist die vom Selbst entleerte Welt Des Selbst.

Das Begehren ist der Ursprung der Sklaverei: Die Freiheit ist Gleichmut im Handeln. Wenn du begehrst, bist du nicht frei, wenn du begehrst, nicht zu begehren, bist du immer noch nicht frei.

Bei Entfremdung, Objektivierung und nach außen gerichteter Projektion des Bewußtseins verliert man sich im Nebel der *mâyâ-avidyâ* und macht sich zum Sklaven des Werdens und der Bruchstückhaftigkeit.

Eine Freiheit, die aus der Notwendigkeit heraus entsteht, ist keine wahre Freiheit, sondern nur ein Element in der Dialektik der Notwendigkeit.

70. Wenn die Sklaverei aufhört, verschwindet die objektivierende *avidyâ*. Und das ist die Auflösung des bettlerischen Spiels der konfliktträchtigen Lust.

Wer denkt, daß der Sklave zum *Herrn* werden muß, hat nicht verstanden.

Strebe nicht nach Führungspositionen, sondern versuche einzig und allein, frei zu sein.

Der Herr selbst ist ein Sklave. Die Hörigkeit des anderen ist auch seine eigene Hörigkeit.

Herr und Sklave sind an denselben Strick – die Sklaverei – gebunden.

Sklave und Herr sind eine traurige Polarität. *Vidyâ* (Erkenntnis) schenkt dir die Freiheit, die jede mögliche Polarität überschreitet.

71. Der Herr ist ein Sklave, der versucht, die anderen zu Sklaven zu machen.

Der Machtwille ist nichts anderes als der rachedurstige Wille eines Armseligen, Untergebenen und Unterdrückten.

Der Befreite ist vollkommen frei; frei von menschlichen Einrichtungen jeder Art und jeden Grades; er ist frei, zu handeln und nicht zu handeln. Das, was ihn an die Menschen bindet, ist die bindungslose, leidenschaftslose, Nichtduale Liebe, die keine Belohnung verlangt.

72. Die Freiheit ist nicht nur die Freiheit der Herren, die vom Machtwillen geleitet werden, sondern auch diejenige der Sklaven, die durch die demütigende Schwäche bedingt sind.

73. Der Befreite bleibt immer ein freies Wesen, selbst wenn die Welt noch so sehr versuchen mag, ihn hörig zu machen. Der Befreite fliegt in Freiheit, selbst wenn er körperlich noch so sehr eingeschränkt sein mag.

74. Die *avidyâ* manifestiert sich oft im Willen nach Macht.

Der Machtwille kann durch den Neid, die Eitelkeit und sogar mittels der Liebe ausgeübt werden. Der Liebende kann ein leidenschaftlicher Tyrann sein.

75. Der Mensch ist ein Sklave seiner Ängste, seiner Schuldkomplexe, seiner Gefühle, seiner eigenen Ideen, seiner Umwelt, Bekanntheit, Gewalttätigkeit, Intelligenz, seiner eigenen Täuschungen und seiner Nichtigkeit. Er ist Sklave seines Neids, seiner emotionalen Reaktionen, seiner gesellschaftlichen Stellung sowie seines wirtschaftlichen und kulturellen Aufstiegs. Das Individuum ist als Sklave geboren, weil die Natur des Ichs Sklaverei ist.

Die wahre Freiheit liegt jenseits dieser Unvollkommenheit. Sie kann erlangt und enthüllt werden, wenn das ganzheitliche Bewußtsein des Wesens seine innerste und Bedingungslose Essenz erkennt.

76. Dieselbe Kraft, die den Sklaven unterjocht, macht auch den Herrn hörig. Die Identifikation mit der Energie ist die Quelle des Schmerzes.

Ein freier Mensch macht niemanden zum Sklaven. Er braucht auch keine Verehrer, weil er nicht vom Machtwillen, von der Eitelkeit und vom Stolz des Ichs verzehrt wird.

Ein freier Wille ist von allem frei: selbst von der Idee der Freiheit.

77. Es ist ungeheuer schwierig, die Sklaven – ob Herren oder Sklaven – zu befreien. Ihr Ich ist von *avidyâ* durchtränkt,

und die *avidyâ* ist eine mächtige Kraft, die den Rücken krümmt und Die Askese verzögert.

Der Verzicht auf Die Seinswürde und die Bereitschaft, sich in der Welt der Zwänge aufzulösen, können manchmal den Schmerz und das Leid etwas lindern. Sie können aber auch die Triebe und Begierden befriedigen, weshalb der Mensch häufig nachgibt und sich verkauft.

Wenn sich das Individuum an den Geschmack der Sklaverei gewöhnt hat, wird es schwierig, es den Duft der Freiheit riechen zu lassen.

78. Der Weg Der Befreiung befindet sich jenseits von jedem auf Immanenz und Transzendenz, positiv und negativ bezogenen Begriff. In Die Freiheit fliegen bedeutet, sich nicht dem vom Menschen erfundenen Gerede, sondern Der Wahrheit zu unterwerfen, die der Weg, das Tor, das Leben ist.

Die Wahrheit ist untrennbar von der Freiheit. Man erforscht und enthüllt sie durch die Freiheit.

Die Sklaverei und der Machtwille sind Negationen Der Wahrheit und somit Negationen der Freiheit.

Früher oder später siegt die Liebe zur Freiheit über das entstellende und pathologische Trugbild der Angst, des Zweifels, der zwanghaften Macht und der Vergangenheit, die sich in die Gegenwart fortsetzt.

79. Die Zeit macht hörig, aber Die Wahrheit siegt über sie.

Die Zeit ist Erinnerung, Vergangenheit, Geschichte, sie ist Qual, die versucht, die Sympathien der Gegenwart zu gewinnen. Wer in der Vergangenheit lebt, ist tot, ohne es zu wissen.

80. Der Wahrhaft Befreite lebt jenseits von jedem Subjekt-Objekt-Gegensatz und jedem historischen und kosmologischen Mythos.

Die Gesellschaft Der Befreiten ist eine Gesellschaft, in der sich Das Sein in seiner existentiellen Ganzheit selbst wiedergefunden hat.

Die Gesellschaft Der Befreiten ist eine Gesellschaft Der Vollkommenen. In der Gesellschaft Der Vollkommenen gibt es weder Herren noch Sklaven, da das besitzergreifende Ich, das Wünsche hat und sich betäubt, das begehrt und vergleicht, nicht in ihr existiert.

Den Befreiten gebührt die Aufgabe, das Reich der Freiheit vorzubereiten, der Freiheit vom Ich und von der Verwirrung, die das Ich unvermeidlich stiftet.

Die Sklaven können nicht das Reich der Vollendung und der Freiheit vorbereiten. Ihre Rebellion erzeugt oft neue Formen der Sklaverei. Wer Sklave des Wettbewerbs, des Begehrens, der Eitelkeit, des Machtwillens, der bewußten oder unbewußten Demagogie, der Angst und des Zweifels ist, kann nicht das Reich Der Harmonie vorbereiten.

Es obliegt der Gesellschaft Der Befreiten, den Weg zu Ordnung und Gerechtigkeit vorzubereiten.

81. Man muß sich zwischen zwei Philosophien entscheiden: der Philosophie, die das Primat der Befreiung *vom* Ich proklamiert, und jener, die der Freiheit *des* Ichs den Vorrang gibt. Die erste führt zur Lösung der Probleme des Individuums und seiner Beziehung zum Leben, die zweite führt zu Machtstreben, trennendem Stolz und gewaltgeprägtem Konkurrenzkampf.

Das Glück ruht in der Freiheit vom Ich, auf dem Bewußtsein, daß das Individuum ein Glied der universalen Kette des Seins ist.

Das unterscheidende und besitzergreifende Ich kann die Freiheit weder erzeugen noch bestimmen. In seiner Welt existieren keine Voraussetzungen für die Freiheit, sondern nur Brüche, Eruptionen, Abgründe, Paradoxa, Antinomien und psychologische Komplexe.

Befreiung bedeutet die Rückkehr zum ursprünglichen Zustand, das heißt, Rückkehr zur Einheit. Befreiung bedeutet die Wiedereingliederung in Das Prinzip.

82. Sobald das unersättliche Begehren, zu objektivieren, sich beliebt zu machen und anzuhäufen, nachläßt, entdeckt das Wesen seine innerste Natur, die objektlose Freude ist.

Um das Objektivieren zu vermeiden, muß man lernen, die eigenen Energien zu lenken, die psychische Dynamik zu verstehen und zu begreifen, daß das Ziel des Individuums nicht darin besteht, egoistische Bedürfnisse zu befriedigen, sondern einen Gleichklang mit dem Leben herzustellen.

Das Wesen hat die Aufgabe, Harmonie, Liebe und Einklang zu enthüllen.

ERZIEHUNG

83. Anstatt sich mit Kulturgeschichte zu befassen, sollte der Schulunterricht mehr danach ausgerichtet sein, den energetischen Komplex (Denken, Gefühl, Instinkt) des Schülers zu erziehen, zu beherrschen und neu zu orientieren.

Solange der junge Mensch seine Energien nicht auf harmonische Weise steuern kann, ist er im Konflikt, den er folglich auf die Gesellschaft überträgt.

Normalerweise ist die schulische Erziehung geschichtlich orientiert. Oft tun die Schüler nichts anderes, als Philosophie-, Literatur-, Mathematik- und Physikgeschichte etc. auswendig zu lernen.

Eine geschichtlich orientierte Erziehung kann keine ganzheitlichen und schöpferischen Individuen erzeugen.

In der Überlieferten Gesellschaft hat die Erziehung die Aufgabe, die psycho-spirituellen Energien zu verstehen, zu steuern und miteinander in Einklang zu bringen. Sie beabsichtigt, das Bewußtsein zu der Erkenntnis zu bringen, daß das Individuum mit seiner Lebensumgebung eine Wechselbeziehung herstellen muß, da es ein ganzheitlicher Teil des Lebendigen Seins ist.

84. Wenn die Übel der Gesellschaft die Namen Eitelkeit, Machtstreben, Getrenntheit, Gewalt, individualistischer Wettbe-
werb etc. tragen, braucht man zu ihrer Beseitigung ein
Seziermesser, um sie mitsamt ihren Wurzeln zu entfernen.

Schiebt man eine solche Operation auf, bedeutet das,
daß man das leidbringende Übel unbewußt oder bewußt
begehrt.

Jede Art von Politik zur Führung der Menschheit kann,
wenn sie sich auf der Ebene der Wirkungen bewegt, ohne
auch nur im geringsten die tieferen Ursachen zu berühren,
keine auflösende Kraft haben.

Die Harmonie der menschlichen Beziehungen hängt
von der Harmonie des menschlichen Verstands ab.

Gebt dem Individuum einen harmonischen Verstand, so
werdet ihr eine harmonische und ganzheitliche Gesellschaft
haben!

85. Wie kommt man zu einem harmonischen Verstand?

Zuallererst muß man sich der Tatsache bewußt werden,
daß der Verstand, je nachdem in welche Richtung er gelenkt wird, Harmonie oder Mißklang erzeugen kann.

Auf der Ebene des Relativen gibt es kein absolutes Gutes
und auch kein absolutes Böses. Die Behauptung also, daß
der Mensch von Geburt an gut oder schlecht ist, ergibt
keinen Sinn. Der Mensch als solcher kann sowohl Schönheit und Freude als auch Häßlichkeit und Schmerz verbrei-
ten.

Um einen harmonischen Verstand aufzubauen, muß man
von Jugend an darauf vorbereitet werden. Die Familie sollte
die erste Stufe der Erziehung sein, die zweite müßte die

Schule sein, die dritte ergibt sich durch die Beziehung zwischen Individuum und Arbeit.

Natürlich kann man ohne fähige Lehrer (Familienangehörige, Akademiker, Unternehmer etc.) keinen vom Leben und von der Vernunft in harmonischem Sinn auferlegten effektiven Plan entwickeln.

86. Einerseits verlangt die Gesellschaft Einklang, Harmonie und gute Beziehungen, andererseits drängt sie das Individuum zu konkurrierendem, freiheitsfeindlichem, individualistischem und aggressivem Verhalten: Das zeigt den Widerspruch oder das Paradox derer, die keine Anschauung haben.

Einerseits verlangt die wirtschaftliche Gesellschaft vom Verbraucher eine »Sparpolitik«, um die unternehmerischen Aktivitäten zu finanzieren, andererseits drängt sie ihn zu Konsum und Erwerb. Das ist die Schlange, die sich in den Schwanz beißt.

Die harmonische Beziehung zwischen Angebot und Nachfrage bestimmt das wirtschaftliche Gleichgewicht, und die harmonische Beziehung ist die Folge der richtigen bewußtheitlichen Erziehung desselben Individuums.

Das maßvolle und kontrollierte *Begehren* bestimmt die richtige politische und wirtschaftliche Beziehung. Deshalb muß die Schulung zum richtigen Umgang mit dem Begehren das effektivste und unmittelbarste Bestreben aller Völker sein.

Die höchste Ethik, welcher der Mensch folgen kann, ist eben jene, die Welt des Begehrens als Feuer des Lebens und als Schöpfer von Bewegung, Aktivität und Beziehung zu verstehen, zu beherrschen und zu lenken.

87. In der richtigen Dosierung des Begehrens liegt die wahre Tugend eines Volkes.

Wenn es der Menschheit gelungen sein wird, das Feuer des Begehrens zu regulieren und zu lenken, wird sie auf vielerlei Ebenen eine glückliche Osmose schaffen. Zuviel Feuer kann das gesellschaftliche Gewebe verbrennen, zuwenig Feuer kann die Beziehung ausdörren und entkräften.

Wer das Feuer des Begehrens lenkt, ist Herrscher über das Feuer. Und nur wer das eigene Feuer beherrscht, kann Wohlstand und Glück erreichen.

88. Wer das Begehren in seinen unendlichen Ausdrucksformen transzendiert hat, weilt unter Den Göttern.

PROJEKTION

89. Man muß zwischen *Brahman* an sich und der Vorstellung, die man sich von *Brahman* macht, zwischen *Brahman* als solchem und *Brahman* als Objekt oder gedanklicher Objektivierung unterscheiden. Der Mensch objektiviert die Wirklichkeit, vermenschlicht Die Gottheit und projiziert sogar die Vorstellung des Guten und des Bösen in Das Absolute.

90. Zuerst objektiviert das Individuum seinen Gott, danach wird es zum Sklaven seiner Objektivierung. Der objektivierte Gott aber ist außerhalb des Menschen, außerhalb seines Herzens; es ist ein entfremdeter Gott.

    Ein von menschlicher Begrenztheit geschaffener Gott ist nicht Das Sein, sondern ein Trugbild, welches das Bewußtsein versklavt und beherrscht. Der Mensch wird davon verfolgt. Er fällt in die Sklaverei seiner eigenen rastlosen Projektion, der *mâyâ*-Halluzination.

91. Der Verstand erzeugt die Gottheit nach seinem eigenen Bild, indem er sie mit seinen besten, aber auch seinen schlechtesten Eigenschaften ausstattet.

    Zu allen Zeiten gab und gibt es die Darstellung des guten und bösen, des rachedurstigen und wohltätigen, des menschlichen und himmlischen und des spirituellen, emotionalen und materiellen Gottes.

Der Gott, der sich dem Verstand enthüllt, hat dessen Schwäche, Zeichen des Individualismus und des Machtwillens.

92. Der objektivierte Gott ist immer ein Gott der Macht, der Selbstbehauptung, des Absolutismus und der Herrschaft. Die Beziehung zwischen Person und Sein aber wird durch die Vereinigung, die Liebe und den Einklang motiviert. Und die Liebe duldet keine Unterwerfung, keine Selbstbehauptung, keine Herrschaft und keine Pflichtverletzung, sie gestattet weder Schwächen noch andere Unvollkommenheiten dieser Art.

Die Liebe ist Harmonie des Einklangs, Wahlverwandtschaft, Vereinigung von zwei Subjekten, aber nicht die eines Subjekts mit einem Objekt. Die Liebe verkürzt die Distanzen, sie hebt die Unterschiede auf. Die Liebe ist die Verschmelzung der Wesen bis sie die Identität erreicht.

Liebe ist Freiheit. Sie schenkt Befreiung, weil das Sein Freiheit ist.

Das Sein regt zur Befreiung und nicht zur Unterwerfung an. Das Sein ist Liebe, und die Liebe kennt keine Herrschaftsverhältnisse, keine Unterordnung, keine Unterschiede und keine Vorherrschaft, nicht einmal Bewertungen. Das Sein ist weder der Richter noch der Henker, der das Beil auf die Ungerechten fallen läßt.

Das Sein ist Gesetz, Harmonie, Ordnung und Schönheit, und wer die universellen Gesetze verletzt, gerät zwangsläufig in Konflikt.

Die Freiheit bedeutet immer Freiheit im Rahmen der Gesetze. Oft wird die Freiheit mit Zügellosigkeit verwechselt. Manchmal stellt das Ich sich das Sein als Zügellosigkeit vor, die immer eine Projektion dessen ist, was es selbst gerne verwirklichen würde.

Das Sein ist Harmonie, Liebe, Gesetz und Ordnung, und in der Natur der Harmonie kann es keinerlei Art von Zügellosigkeit geben.

93. Das Sein versklavt niemanden. Aber das Individuum versklavt sich selbst mit seinen Projektionen, Veräußerlichungen und mentalen Vorstellungen.

Die unterwürfigen und sklavischen Beziehungen der Gesellschaft werden auf die Natur Des Seins übertragen.

Um sein Gewissen zu beruhigen, überträgt das Individuum seine Unvollkommenheit und seine schlechten Eigenschaften auf den objektivierten Gott.

94. Das Sein kann nur mit Hilfe von Symbolen definiert werden. Der Verstand aber gibt ihm eine Stimme, Eigenschaften und eine Schicksalsbestimmung. In der entfremdeten Anschauung der Theologie triumphiert die Veräußerlichung und die Objektivierung des Wesens und des vermenschlichten Gottes der Qualität und der Quantität. Diese Objektivierung verzerrt nicht nur Die Wirklichkeit als solche, sondern verhindert von vornherein, daß Das Göttliche direkt in uns selbst erfahren werden kann.

Die Formen-Bilder Des Göttlichen oder der Letzten Wirklichkeit sind ein Trugbild, das *Jenes* überlagert. Letztendlich sind sie *mâyâ*, und im Bereich der *mâyâ* kann es keine Transzendenz, Liebe und Identität geben. Paradoxerweise ist es das objektivierte Transzendente, das innerhalb der Grenzen des Immanenten und innerhalb der Windungen der Notwendigkeit hörig macht.

Solange man sich das Absolute nur vorstellt, kann man die Ebene des Relativen nicht verlassen.

95. Die Absolute Konstante ist weder ein Wesen, eine Person oder ein Individuum noch Das Sein als Beginn einer Reihe. In der Person, im Individuum und im mikro- oder makrokosmischen Sein ist kontinuierliche Bewegung und Beziehung. Wenn der eigene Gegenpart – als Essenz – nach außen projiziert wird, ist das Wesen entfremdet, also getrennt, dual und Gefangener seines Schattens oder Trugbildes.

Die Wirklichkeit-Konstante kann nicht geteilt werden, sie kann nicht aus sich selbst *heraustreten*, sie hat weder Veränderung, Evolution noch ein Denken, und sie ist kein Objekt des Betens, weil sie nicht der mit den Sinnen erdachte Gott ist, den sich der individuelle Verstand vorstellt.

96. Das Individuum projiziert die Erkenntnis und die Harmonie nach außen und denkt sich dann die Mittel oder Mitteilungswerkzeuge aus, mit denen es seine ganzheitliche Fülle finden kann. Aber das, was es außerhalb von sich finden und erfahren kann, wird immer nur ein illusorischer Widerschein jener Wahren Wirklichkeit bleiben, die sich dagegen in ihm selbst befindet.

Wesen, Bewegung, objektivierte Form-Vorstellung: Wer diese drei Aspekte in der Metaphysischen und Transzendenten Einheit auflöst, hat die Projektion, die Entfremdung, den Konflikt und das nach außen gerichtete Begehren aufgelöst.

Wer in Der Einheit lebt, ist außerhalb der samsarischen Bewegung, weil die Metaphysische Einheit Fülle und Vollkommenheit ist und der Vollendete weder sucht, begehrt noch Unterscheidungen trifft.

97. Das Individuum, das sich nach außen projiziert, ist dazu gezwungen, sich eine künstliche Welt zu errichten, die seine Einsamkeit und seine Entfremdung kompensiert.

Die ewig unerfüllte Befriedigung seines nach außen gerichteten Begehrens zwingt es außerdem dazu, sich von Arbeit und Konsum jeglicher Art versklaven zu lassen.

Es kann auch passieren, daß die Identifikation mit der künstlichen Welt so groß wird, daß sie als reale und absolute Gegebenheit hingenommen wird. So klammert sich der Mensch verzweifelt an die »Schatten« oder samsarischen Trugbilder, bloß um ein kleines bißchen Sinnenfreude oder Selbstbestätigung zu »erhaschen«.

Das Ich lebt von Armseligkeiten und zwingt sich dazu, sie als wirklich zu betrachten, um nicht seinem Untergang entgegenzugehen.

AUFLÖSUNG

98. Was bleibt jetzt noch zu tun, da du dich von Name, Form, projizierendem Begehren und der konfliktgeladenen Angst, die sie erzeugen, befreit hast?

99. Setz dich hin, bring deinen Verstand zur Ruhe und meditiere gründlich über das, was dich dazu veranlaßt, zu denken, Ereignisse-Dinge zu projizieren und Stolz, Berühmtheit, Wichtigkeit (in den Augen der anderen), Eitelkeit sowie materielle oder intellektuelle Reichtümer etc. anzuhäufen.

Folge der Energie der Lust oder des Leids und beobachte das Ganze, als würdest du ein äußeres Objekt beobachten, das du vor dir siehst.

Sei beständig bei der Beobachtung: tage-, monate-, jahrelang.

Bleib, während du beobachtest, Beobachter auf Distanz, Mittelpunkt deines eigenen Hin- und Herfließens. Du mußt wie die Sonne sein, die um sich selbst kreist, und darfst dich nicht von der Kraft-Bewegung der energetischen Planeten-Inhalte, die in deinem psychischen Raum existieren, mitreißen lassen. Wenn du durchhältst, wird deine wiedereroberte »Sonnenkraft« die Mondkräfte, die dich gefangenhalten, restlos auflösen.

100.Stufenweise geht das Werk voran: Den *festen* Inhalt mußt du formbar, also *flüssig* machen. (Du mußt *tamas* in *rajas* umformen.) Achte während dieser Phase auf den Aspekt der *Feuchtigkeit*; er ist von außerordentlicher Wichtigkeit. Du mußt das Feste *auflösen*.

Gehe jetzt zur nächsten Phase über: Das Flüssige muß verdunsten; du mußt es also auflösen, das heißt, in Luft umformen. Die richtige Dosierung des Sonnengleichen Feuers und der rechte *Abstand* zum Inhalt versprechen das Gelingen dieser Aufgabe. Sei vorsichtig in diesem Stadium: Wenn Das Feuer zu weit entfernt ist, kristallisierst du das Flüssige, ohne es aufzulösen. Wenn du dich ihm aber mehr als erforderlich näherst, bringst du das Flüssige in Erregung und bewirkst Risse. Ein »emotionales Meer« in kochendem Zustand könntest du nicht ertragen, und so würdest du alles verbrennen, was schwerwiegende Konsequenzen hätte.

An diesem Punkt Des *Werks* mußt du wachsam sein und deine energetische Richtung eindeutig nach oben lenken. Laß jede Verbindung mit der Erde los. Das richtige Verhältnis zwischen Sonnengleichem Feuer und Kraft oder mondgleicher Elektrizität wird das Ganze vervollkommnen.

Verwandle, wenn es dir gelingt, *rajas* in *sattva*, sprich: die emotionale und leidenschaftliche Bewegung von Anziehung-Abstoßung in lineare, harmonische und verfeinerte Bewegung.

Wenn du immer noch Mut hast, über Erkenntnis verfügst und den Drang nach Einheit spürst, bereite dich darauf vor, die Luft, das Denken selbst aufzulösen. Wie du bemerkt hast, gebrauche ich die verschiedenen Elemente als Symbole tiefgründigerer Wahrheiten.

101. Dieses Stadium ist heikel und verlangt vollen Einsatz. Nachdem du die objektiven Stützen vernichtet hast, mußt du jetzt die subjektiven Stützen loslassen. Nachdem du die objektive Welt aufgelöst hast, bereitest du dich darauf vor, die subjektive Welt aufzulösen. Hier bist du allein mit deinen Gedanken, und du könntest sie nicht einmal *materialisieren*, weil dir das Wasser, das Flüssige fehlt, welches die *Dinge*, aber auch die Konflikte formt.

Wenn du nach *Auflösung* strebst, gib nicht auf und arbeite weiter. Aber schau – vor allem in diesem Moment – weder nach rechts noch nach links. Nimm Den »Weg des Pfeils« und fliege in die Sonnengleiche Einheit, die nichtmanifeste oder Ursprüngliche Krone.

An diesem Punkt gilt es, zweifach zu handeln: Auf der einen Seite mußt du jede *Idee* verbrennen, die in deinem Planeten existiert, der jetzt nur noch aus Luft besteht. Möge sie das Sonnengleiche Feuer mit seinen auflösenden Strahlen versengen! Auf der anderen Seite mußt du anfangen, ... ohne Luft zu leben. Das Denken brauchst du jetzt nicht mehr. Es existiert nur, um individuelle Probleme zu lösen. Aber welchen Wert hat es für jemanden, der keine individuellen Probleme mehr hat?

Die Handlung des Sonnengleichen Feuers muß klar und maßvoll sein. Sollte dich irgendeine Rückstrahlung des Flüssigen Feuers treffen, sei wachsam und entschlossen. Dein Ziel ist es, die luftförmigen Samen, Wurzeln der Unwissenheit (*avidyâ*), vollends *einzuäschern*.

102. Paß auf: Die Luft ist dünn, leicht, durchdringend, aber unbeständig. Dir scheint, daß du sie in der Hand hast,

dabei ist es gar nicht so. Du glaubst, daß du sie beherrschst, dabei beherrscht sie dich. Du denkst, daß du ihr zuvorgekommen bist, dabei ist sie dir zuvorgekommen.

Das Denken ist wahrhaft diabolisch und kann dich sogar eine scheinbar akzeptable Philosophie formulieren lassen, bloß um nicht eingeäschert zu werden. Das Wasser ist zu schwer und zu plump, um seine Bewegung zu tarnen. Aber die Luft ist glänzendes Feuer; sie kann dich zart wiegen und verleiht dir majestätische und berauschende Flüge.

Ich sage dir, wenn du keinen Mut hast, wirst du auf der Ebene der Luft in die Falle gehen, für lange Zeit dort bleiben und das Endwerk verzögern. Viele »Denker« verzögern es. Wenn du aber Entschlossenheit besitzt, einen starken Willen hast und es verstehst, die Kraft Des Feuers auf kluge Weise zu gebrauchen, wirst du feststellen, wie sich der Projektionsrhythmus der Vorstellungen nach und nach verlangsamt.

Du kannst dabei zwei sehr wirkungsvolle Instrumente benutzen: die Farbe und den Klang. Letztendlich ist alles Licht, vielmehr Feuer (Agni), und Das Feuer hat viele Frequenzen, leuchtende oder klingende Frequenzbänder.

Mit einem Strahl »weißen Lasers« kannst du den Samen bis zur vollkommenen Auflösung *einäschern*. Oder du gebrauchst den Klang (*mantra*, kraftvolle Worte etc.), so daß der Samen platzt und sich zersetzt.

Mit der Stille, der Wachsamkeit und der Zersetzung der begrifflichen Samen kommst du sicherlich voran. Nach Vollendung dieses Prozesses hast du deine luftförmige Planeten-Substanz vernichtet; du hast sie beruhigt und geglättet wie ein Meer, das in tiefer Stille ruht.

An diesem Punkt bist du wirklich bei dir selbst. Oh, welch erhabene Wirklichkeit! Halte dich aber nicht für jenes Ich oder jene Individualität der Vergangenheit. In dir gibt es nichts mehr von dem, was dir einmal gehört hat. Jetzt bist du ein lebendiger Kosmos und Lebensspender und nicht mehr derjenige, der in Unvollkommenheit lebt.

Du hast alle »Planeten« , die dein Bewußtsein fesselten, aufgelöst und bist als freies Farbloses Feuer übriggeblieben. Du bist Agni selbst, Gott Des Feuers und aller Feuer.

103. Nun muß du Dieses Feuer auslöschen. Dieser Abschnitt erfordert Einsamkeit und Reife. Es ist der abschließende, endgültige Tod. Es ist der Tod, der Die Unendlichkeit und Die Zustandslosigkeit verleiht. Es geht jetzt nicht mehr darum, nach außen zu schauen, da du nichts mehr vor dir hast. Du bist allein mit dir selbst und jener *Möglichkeit*, als Luft, Wasser oder Dinge anderer Art zurückzukehren: Die unbestimmten Ausdrucksmöglichkeiten, die du offenbaren kannst, sind zahllos.

Nur in diesem Stadium kannst du die wahre Natur und Funktion Der *Stille* verstehen.

Wenn du Herr Der Stille wirst, läuft alles von selbst. Verstehst du das? Nachdem du die samsarische elliptische Translationsbewegung deiner Kräfte oder kleineren mondgleichen Feuer, die von der Wärme des Zentralen Feuers genährt und am Leben erhalten wurden, aufgelöst hast, mußt du jetzt die rotierende Bewegung selbst oder das Zentrale Feuer auflösen, das dich auf der Ebene der Manifestation hält, selbst wenn sie überformal und ursprünglich ist.

Wenn deine Reife dich dazu drängt, sage ich dir: *Bleib stehen* und *warte*!

Wenn du gehst oder in Bewegung bist und mich fragst: »Was soll ich tun, um mich nicht mehr zu bewegen?«, antworte ich dir einfach: Bleib stehen!

Wenn du mich fragst, was beim Stehenbleiben passieren kann, antworte ich dir: Wer sich darüber Sorgen macht, ist noch nicht bereit und noch nicht reif. Auf gewissen Ebenen gibt es nur eine Art der Vorbereitung auf die Qual: ohne Tränen, ohne Worte, ohne Warums. Wenn du Würde besitzt, stell dich dem Geschehen! Andernfalls ist es besser, daß du es gar nicht erst versuchst.

104. Das feste Element Eisen können wir in den Hochöfen so weit verflüssigen, daß sich seine eigenen Moleküle spalten. Damit machen wir es luftförmig und elektronisch, unsichtbar für das Sinnesorgan Auge. Wenn wir bei diesem Werk noch weiter fortschreiten, können wir jenes Element in dem unendlichen universalen Leben auflösen: Die Masse löst sich in freie Energie auf.

Wie du siehst, ist der Prozeß derselbe. In beiden Fällen ist das Element Feuer notwendig, in beiden Fällen gibt es einige Abschnitte, welche Die Alchimie schon seit langer Zeit kennt; unten wie oben gleich und umgekehrt.

Wenn du mit dem Blei und dem Eisen spielen willst, tu es! Du kannst dich dabei materiell bereichern, bleibst aber immer unvollendet.

Aber wenn du den *Atanor* (Brennofen der Alchimisten) als dein eigenes psychophysisches System betrachtest, verändern sich die Dinge: Das Werk erfordert – abgesehen von

Intelligenz und großem Mut – Reife, Würde und Einsamkeit. Und wenn du es wagst, brauchst du keine materiellen Reichtümer mehr, da du deine Absolutheit wiedererobern wirst.

Wisse, daß du Den Weg Der Unsterblichkeit oder jenen Der Ewigkeit einschlagen kannst; die Entscheidung liegt ganz bei dir.

Du wirst die Freiheit haben, »nach oben und nach unten« in die verschiedenen Reiche einzutreten; du kannst sogar das ganze Werden überschreiten. Denk aber daran, daß selbst Die Götter von der Zeit verzehrt werden.

WEG DER WIEDERERWECKUNG

105. Jede Epoche hat ihren Imperativ: Der von heute heißt »Transformation«. Worauf wartest du noch mit deiner Umformung?

   Die Mehrheit der Menschen klassifiziert die Fakten und Ereignisse, weist auf kosmische Zyklen hin und stellt sogar Mutmaßungen über die Zukunft an. Das sind Historiker, Chronisten, manchmal auch Prognostiker. Sie leben in der Zeit.

   Wenn dich der Pfeil der Parze verwundet hat, greif zum sonnengleichen Schwert und vernichte die Zeit.

   Die Einweihung ist nicht für die Verehrer der Zeit.

106. Vielleicht vergeudest du deine Energien, vielleicht gehst du hierhin und dorthin und suchst nach Geheimnisvollem oder nach jemandem, in den du deine schwankenden Hoffnungen setzen kannst.

   Du hast vermutlich einen unruhigen Verstand und bist voller Zweifel.

   Denke daran: Nur demjenigen gebührt der Flug, der seine Flügel im Himmel der Gewißheit, Entschlossenheit und des kraftvollen Schwungs ausbreitet.

Wenn du glaubst, daß dir irgend jemand den Dorn aus dem Fleisch ziehen kann, bist du noch nicht bereit.

Der Arzt verschreibt nur das Rezept, den Rest muß der Patient selber erledigen.

Wenn dich der emotionale Aufruhr der Welt in Beschlag nimmt, mußt du die Zähne zusammenbeißen und deine inneren Feuer entfachen. Wer schwankt, ist es nicht würdig, dem Tod Der Philosophen zu begegnen.

107. Untersuchst du den Prozeß des Denkens? Bildest du dich weiter, um jenen Verstand zu begreifen, den du anhalten willst? Vagabundierst du herum, um Dogmen und Botschaften über den Verstand zu erheischen?

Wach auf! Wer wirklich stehenbleiben will, muß einfach stehenbleiben.

Hast du zuerst Trugbilder erzeugt, die dir die Gewißheit Der Glückseligkeit verweigern, und weißt jetzt nicht, was du tun sollst? Stehst du unter dem Hammer deiner unbedachten Rastlosigkeit? Verletzt du dich immer noch an den Spitzen deines vergänglichen Denkens?

Sei mutig! Lüfte mit Der Kunst des Einklangs den Schleier und töte mit Dem Blick den gefangennehmenden Drachen.

Wahrlich, ich sage dir: Du bist dazu geboren, der Oberen Welt Das Feuer zu entreißen. Aber wenn du es in fremden Gefilden suchst, irrst du dich. Richte deinen fragenden Blick in dich selbst und laß dich vom Allesdurchdringenden Feuer verbrennen.

Überschreite deine Epoche, vernichte dein sterbliches

Schicksal, mach drei zu einem und folge dann den Phasen, in denen das Eine Feuer ausgelöscht wird.

Wenn du Mut besitzt, kannst du die Welt der Notwendigkeit verlassen. Denk aber daran, daß Das Werk Würde verlangt.

108. Wenn du die *Qabbâlâh* liebst, ruf ich dir zu: Oh du, der du in Yesod wohnst, nimm den Weg Des Pfeils, verbrenne im Feuer von Tiphereth und fliege mit Entschlossenheit dem Glanz von Kether entgegen, ohne nach *rechts* oder nach *links* zu blicken.

Die Helden lieben die schneebedeckten Gipfel Des Ain Soph.

Ehjeh = ich bin; *Ahamsi* = ich bin: Sei Das Sein und überlasse die »Eigenschaften« denjenigen, die dem Weg der Manen[23] folgen.

Kether ist Der Vater, Tiphereth Der Sohn und Yesod Der Heilige Geist.

Wenn du denkst, mit dem Mond von Yesod, aber ohne die Sonne von Tiphereth wirken zu können, bist du auf dem Weg der Toten. Einige haben es versucht, und andere versuchen es immer noch, aber ihre Zeit ist abgelaufen.

Wenn du Würde hast und das auflösende Schwert, verkörpere dich als Sohn. Dann strecke Den Vater nieder. Der »Feuerweg« ist weder jener Weg der *idâ* oder *pingalâ* noch jener des *svâdhishthâna chakra*, sondern der direkte Weg der *sushumnâ*.

Du näherst dich der umnebelten dreifachen Welt der *mâyâ* und merkst nicht, daß dich im *Vierten* oder *Turîya* (Absolute Essenz) der Glanz Der Glückseligkeit erwartet.

Oh du, der du dich nach Dem Pol sehnst, überschreite die Bewegung des Denkens, durchtrenne das Band der *avidyâ* und tauch ein in Die namenlose Tiefe! Laß den Schwachen die Krümel der Stützen und das trügerische Spiel.

109. Liebe die Mutigen, ehre die Großmütigen, aber verteidige die Schwachen und Unsicheren. Schwach ist, wer seine eigene Rastlosigkeit nicht beherrscht, wer Reaktionen zeigt, wer Gewalt gebraucht, wer mit den Kräften der *avidyâ* spielt, wer die eigenen Energien vergeudet und wer eitel und ehrgeizig ist.

Die Helden leben und bewegen sich würdig, maßvoll und mit Stille im Herzen.

Wenn du fällst, laß dich nicht von den Tränen des Selbstmitleids ablenken. Die Starken können fallen, aber es gebührt ihnen nicht, sich elendiglich selbst zu bemitleiden. Auch im Fall wird Würde verlangt.

110. Mach dich zum Feuer Der Stille, damit du zu einer starken Flamme wirst, welche die Ereignisse gestaltet. Die feurige Substanz formt sich in Der Stille deines zielbewußten Gangs.

Wenn du denkst, Der Wille sei Selbstbehauptung, bist du noch in der *avidyâ*.

In der Welt Der Vollendeten ist kein Platz für Schwächen und Eitelkeit.

Wenn du Stille einkehren läßt in Deinem Tempel aus Fleisch, wirst du früher oder später das direkte Bewußtsein des Allesdurchdringenden Feuers erlangen, das die Symbole Der Schönheit erstrahlen läßt.

111. Beantworte reaktive Handlungen durch das zauberhafte Leuchten sanfter Töne.

Ritter ist, wer sein eigenes Pferd beherrscht.

112. Wenn du Entschlossenheit besitzt, löse das abgründige Werden auf, das du erzeugt hast. Wenn du es wagst, wirst du dein Unsterbliches Pol-Zentrum erobern. Wenn du deinen Turm zerstörst, wirst du Erfüllte Stille sein.

Zuerst mußt du beobachten, dann auflösen, das Bleibende einfrieren, um dich zum Schluß der Zeitlosen Glückseligkeit hinzugeben. Die Wahren Philosophen überdauern die Geschichte.

Das Werk wird durch die Feuer Des Willens und Der Erkenntnis vollbracht. Erkenntnis, die Das Sein nicht enthüllt, bleibt gefangennehmendes Wissen. Der Wille ohne Erkenntnis wird zu blinder und roher Kraft.

113. Verstehen ist eine Sache, Begreifen eine andere, Verwirklichen ist wieder etwas anderes. Die Mehrheit versteht und diskutiert, die Minderheit begreift und meditiert, die Wenigsten verwirklichen sich und *sind*.

114. Du hast alles in deiner Hand und zauderst noch? Frage dich, was du suchst! Oft wird die Verwirklichung als der Erwerb von etwas mißverstanden.

Oder träumst du davon, wer du in fünf Zeitaltern sein wirst?

Ich erlaube mir, dir zu sagen, daß du solange unvollendet bleibst, solange du dich nicht an Das Werk machst und sofort das Feuer des Werdens auslöschst.

Wiege dich nicht in der Sicherheit, daß die anderen dich ans andere Ufer bringen. Sich auf die »anderen« zu verlassen, ist ein Spiel der Schwachen. Wisse, daß die anderen dir nur das Floß zur Verfügung stellen.

Beobachte, sei mutig, führe den blitzenden Schlag aus und bleib stehen! Nach dem Sturm kommt immer der Moment der Ruhe.

115. Treibst du dich herum und bettelst um Ansehen, Selbstbehauptung und trennenden Stolz? Mein lieber Tor, womit willst du spielen? Siehst du nicht, daß die Termiten an deiner Lebenskraft nagen und die *avidyâ* dir Krümel künstlicher Lust anbietet? Denkst du daran, dir ein Haus zu bauen, eine Familie zu gründen und eine Arbeit aufzunehmen? Das machst du nur, um deiner Unvollkommenheit und Einsamkeit zu entfliehen.

116. Der Verstand, der in Aberglauben, politischer Leidenschaft, Perfektionismus und der Eitelkeit mondäner Beziehungen Zuflucht sucht, gerät früher oder später in Konflikt und Leid. Ein Verstand, der versucht, sich auf der Ebene der Rastlosigkeit einen ruhigen Hafen zu bauen, ist ein Verstand, der noch nicht begriffen hat.

Denken ist Prozeß, Produktion, Ereignis, Zeit und auch Raum. Wer glaubt, seine Rettung auf das diskursive und unterscheidende Denken bauen zu können, wird früher oder später zusehen müssen, wie dieses Gebäude zusammenbricht.

Das Denken konstruiert Vorstellungen, mit denen es spielen kann. Es konstruiert die Vorstellung vom Guten, vom Bösen und vom politischen Ideal. Es ersinnt die Vorstellung der eigenen Familie, der eigenen Arbeit und der eigenen Stille. Aber all diese Vorstellungen haben nichts mit Der Wirklichkeit zu tun.

Die Schönheit läßt nicht zu, daß die Gedanken verunreinigt werden.

Der schöpferische Akt ist das Ergebnis von Erleuchtung, die nichts mit dem Denken zu tun hat. Die Aufmerksamkeit des Traditionellen Philosophen ruht nicht auf dem unterscheidenden Verstand.

Wer nach Der Stille strebt, die Objektlose Glückseligkeit ist, muß das Denken überschreiten.

Die Glückseligkeit enthüllt sich erst dann, wenn das Denken verschwunden ist.

Die trügerischste Erfahrung von Stille ist der Versuch des Verstandes, sich eine Vorstellung Der Stille zu machen.

Das Denken konstruiert Vorstellungen, Formeln, Projektionen und Träume, aber Die Wirklichkeit ist keine Projektion, kein Traum, keine Vorstellung und auch keine begriffliche Darstellung.

Tugend und Ethik, die vom unterscheidenden Denken des Ichs konstruiert worden sind, führen zu Selbstbefriedigung.

Die Tugend des Ichs ist immer eine hedonistische Befriedigung. Oft ist die Selbstaufopferung die hedonistische Tugend eines Ichs, das süchtig nach Bettelei ist.

In der Tugend des Ichs ist keine Liebe, sondern nur Bettelei, um fortbestehen zu können.

Die Liebe blüht in einem Verstand, der zur Ruhe gekommen ist.

Glossar

*advaita (*n*)* | Nicht-Dualität, Absolute Einheit (*kevala*).

*Advaita Vedanta (*m*)* | der nicht-dualistische *Vedânta*, Lehre oder metaphysischer »Gesichtspunkt« (*darshana*), der den Dualismus (*dvaita*) und den Monismus (*aikya*) transzendiert; seine Begründer sind Gaudapâda und Shankara.

*advaitin (*m*)* | Derjenige, der dem *Advaita-Vâda* folgt.

*Ajâti Vâda (*m*)* | die von Gaudapâda dargelegte Lehre der Nicht-Erzeugung.

*ânanda (*m*)* | Absolute Glückseligkeit, Objektlose Freude.

*Ârambha Vâda (*m*)* | Theorie des evolutionistischen Dualismus, wonach die Wirkung nicht in ihrer Ursache liegt.

*asparsha (*Adj*)* | Ohne Kontakt, ohne Beziehung, ohne Stütze, ohne Träger.

*Asparsha Yoga (*m*)* | Der von Gaudapâda dargelegte »*yoga* ohne Stützen« ; der reine bewußtheitliche *yoga*, der durch direkte Bewußtseinsnahme Des Selbst Körper und Verstand transzendiert.

*asparshin (*m*)* | Derjenige, der dem *Asparsha Yoga* folgt und ihn praktiziert.

âtman (n) | Das Selbst, Der Geist, das Reine Bewußtsein; Das *âtman* ist Das Absolute in uns außerhalb von Zeit-Raum-Kausalität und als solches ist es mit *Brahman*, Dem Absoluten an sich, identisch.

avidyâ (f) | Metaphysische Unwissenheit, Nicht-Kenntnis Der Wirklichkeit oder des *noumenon*; sie erzeugt die Illusion der voneinander getrennten Existenz.

Bhagavad Gîtâ (f) | Der Gesang Des Seligen; die insgesamt 18 Kapitel des philosophisch-religiösen Werks sind Teil des indischen Epos *Mahâbhârata*.

bhakti (f) | Brennende Hingabe zur Gottheit.

Bhakti Yoga (m) | der *yoga* der Hingabe.

Brahman (n) oder *Brahma* (n) | Die Absolute Wirklichkeit; Das Absolute an sich; Jenes (*tat*), das vollkommen transzendent und unbedingt ist, immer für sich selbst identisch; Das Eine ohne Zweites.

Brahmâ (m) | Einer der Aspekte der hinduistischen *Trimûrti* oder der »dreifachen Form«; er entspricht dem Aspekt des Schöpfers-Gotts, der die gesamte Welt der Namen und der Formen schafft.

Brahman nirguna (n) | Das *Brahman* ohne Eigenschaften; Das Absolute ohne Eigenschaften.

Brahman saguna (n) | Das *Brahman* mit Eigenschaften; das Qualifizierte Sein; das Ontologische Eine; Gott-Person; *Îshvara*, Schöpfer der Welt der Namen und der Formen.

Buddha | Nicht der Name einer Person, sondern die Eigenschaft Des Wiedererweckten; das Wort bezieht sich insbesondere auf Gautama Buddha, der im 6. Jh.v. Chr. gelebt hat; er wurde als Prinz *Siddhârta* im heutigen Nepal geboren, entsagte der Welt und wurde einer der größten spirituellen Lehrer aller Zeiten und Begründer des *Buddhismus*.

buddhi (f) | der höhere Intellekt, Intuition, Intelligenz; das intuitive Unterscheidungsvermögen des »inneren Organs« (*antahkarana*); birgt einen Widerschein Des *âtman* oder des Reinen Bewußtseins.

chit (n) | Reines und Absolutes Bewußtsein (*caitanya*).

darshana (n) | Philosophischer Gesichtspunkt; der Begriff bezieht sich hauptsächlich auf die sechs orthodoxen Schulen: *Shankhya, Yoga, Vaisheshika, Nyâya, Pûrva Mîmâmsâ* und *Vedânta*, die sich als Gesichtspunkte der Einen in den *Veda* enthaltenen Lehre betrachten.

Gaudapâda | Philosoph und Metaphysiker, Spiritueller Meister von Shankara; Verfasser der *Mândûkya kârikâ*.

guna (m) | Eigenschaft; nach der *Shânkya*-Philosophie besteht das Weltall aus drei aufeinander bezogenen Energien oder Eigenschaften.

guru: (m) | Lehrer, Spiritueller Meister (*âcârya*).

Hatha Yoga (m) | Der *yoga*, der die Harmonisierung und Beherrschung des Körpers anstrebt, um ihn in einen »Tempel« des Geistes umzuformen.

hiranyagarbha (m) | Der »Goldene Keim«; das »Kosmische Ei« stellt die Gesamtheit der feinstofflichen Manifestation in der universalen Ordnung des Lebens dar.

idâ (f) | Der Strom des *prana*, der entlang der linken Seite der *sushumnâ* verläuft.

Îshvara (m) | »Göttliche Person« ; entspricht dem, was wir als personifizierten Gott definieren können; er umfaßt den ganzen Bereich der Manifestation in ihren drei Aspekten des Grobstofflichen, Feinstofflichen und Kausalen.

jîva (m) | Lebendiges Sein, Individualisierte Seele; ein direkter Widerschein Des *âtman*, der in seinen Ursprung wiederaufgenommen wird.

jîvanmukta (Adj. oder Subst.) | Ein »Lebend Befreiter« ; jemand, der zur Befreiung (*mukti, moksha*) gelangt ist, ohne seinen grobstofflichen Körper abgelegt zu haben.

jnânin (m) | Kenner; derjenige, welcher den *Jnâna Yoga* praktiziert.

kaivalya (n) | Absolutheit; Zustand der »Isolierten Einheit« ; die Absolute Einheit (Nicht-Dualität).

karma (n) | Aktion, Tätigkeit, Prinzip der Kausalität; die sich auswirkende Kraft vergangener Taten, beruhend auf dem Gesetz von Ursache und Wirkung.

manas (n) | Der Verstand, der »innere Sinn« ; das Mentale im allgemeinen; der individualisierte und empirische Verstand.

mantra (m) | Heilige Formel, heiliges Wort, um gewisse Bewußtseinszustände zu erlangen und zu stabilisieren.

mâyâ (f) | Metaphysische Unwissenheit, Synonym für *avidyâ*; Erscheinung, Phänomen; die empirische Welt der Erscheinungen; die Welt der Veränderungen und Verwandlungen.

neti, neti | »Nicht dies, nicht das« ; Methode der Unterscheidung, um nach und nach all das »auszusortieren«, was Erscheinung, also nicht-wirklich ist, um schließlich zur Einzigen Wirklichkeit, Dem *Brahman* zu gelangen.

*nirguna (*Adj*)* | ohne Merkmale, ohne Eigenschaften, Das Absolute; das Höchste *Brahman.*

*nirvikalpa samâdhi (*m*)* | Der *samâdhi* ohne Differenzierung, jenseits aller Dualität; er entspricht dem nicht-dualen Reinen Bewußtsein.

*Parinâma Vâda (*m*)* | Die Theorie der Evolution oder »substantiellen« Transformation Des *Brahman* im empirischen Universum.

Patañjali | Begründer des *Yoga Darshana (Raja Yoga* oder Königlichen *Yoga).*

*pingalâ (*f*)* | Eine der Haupt-*nâdî*; steht bezüglich der *sushumnâ* gegenüber der *idâ*, auf der rechten Seite der Wirbelsäule.

*prakriti (*f*)* | Natur; aktive oder ausführende Energie in Bezug auf *purusha*, der beobachtet, ohne am Handeln beteiligt zu sein.

*Purâna (*n*)* | Mythologische Sammlung, Heilige Schriften der Hindus.

*purusha (*m*)* | Mensch, Person, Wesen, das positive Prinzip, das durch seine Gegenwart allein die *prakriti* aktiviert.

*Qabbâlâh (*f*)* | Das hebräische Wort bedeutet Aufnahme, Übermittlung; es stellt den esoterischen Teil des Alten Testaments dar.

*rajas (*n*)* | Eines der drei *guna*; entspricht den Eigenschaften der Aktivität, Energie, dem Feuer, der Hitze, dem Begehren, der Leidenschaft.

*Raja Yoga (*m*)* | Der Königliche *Yoga*; den *Patañjali* in seinen *yoga sûtra* in acht Stufen darlegt.

*sâdhanâ (*f*)* | Spirituelle Praxis, Übung oder Methode; geistige Disziplin; Askese, die nach Verwirklichung strebt.

*saguna (*Adj*)* | Mit Eigenschaften; bedingt; bezieht sich auf das mit Eigenschaften versehene *Brahman* oder Sein.

*samâdhi (*m*)* | Transzendentale Kontemplation; Versenkung, in welcher der vollkommene Zustand von essentieller, und daher bewußtheitlicher Identität erlangt wird.

*samsâra (*m*)* | Der ewige Kreislauf des Werdens.

*sat (*n*)* | Das Reine Sein; die Absolute und wahre Existenz; Gegensatz zu *asat*, dem Nicht-Existenten.

*Sat-Chit-Ânanda (*n*)* | Absolute Existenz (*sat*), Absolutes Bewußtsein (*chit*) und Absolute Glückseligkeit (*ânanda*).

*sattva (*n*)* | Eines der drei *guna*; es entspricht den Eigenschaften des Gleichgewichts, der Harmonie, des Lichts, der Reinheit.

*savikalpa samâdhi (*m*)* | Transzendentale Kontemplation, in welcher der latente Zustand der Unterscheidung zwischen Subjekt und Objekt noch vorhanden ist; er führt zur Verwirklichung Des *Brahman saguna*.

Shankara | Begründer des *Advaita Vedânta*, des metaphysischen *darshana*, der den religiösen und selbst den ontologischen Monismus transzendiert; er lebte zwischen 788 und 820 n. Chr.

sûtra (n) | Vers, Aphorismus, Leitfaden; auch Werk, das aus kurzgefaßten Leitfäden besteht.

sushumnâ (f) | Zentrale »Arterie« des feinstofflichen Körpers.

svâdhishthâna chakra (n) | Eines der sieben Zentren feinstofflicher Energie; es beherrscht die inneren Organe der Ausscheidung und der Fortpflanzung.

tamas (n) | Eines der drei *guna*; es entspricht den Eigenschaften der Dunkelheit, der Trägheit, der Passivität.

Turîya (Adj) | Der Vierte Zustand (*Caturtha*), der wirklich und absolut ist und das notwendige nicht-duale Substrat aller relativen Ihm überlagerten Zustände und ihrer Inhalte bildet; *Turîya* ist *Brahman nirguna*.

Upanishad (n) | Esoterische Lehren; eine Sammlung heiliger Schriften des Hinduismus; auch *Vedânta* genannt. Die etymologische Bedeutung des Wortes *Upanisad* weist darauf hin, daß sie zur Beseitigung der Unwissenheit bestimmt sind, indem sie jene Mittel darbieten, die zur Höchsten Erkenntnis führen können.

vâda (m) | Lehre, Weg, Schule.

veda (m) | Erkenntnis; wörtlich: »das, was von Den Weisen (*Rishi*) gesehen, verwirklicht wurde«; Höchste Erkenntnis, Heilige Wissenschaft.

Vedânta: (m) | Die Vollendung oder der Abschluß der *Veda*; eines der sechs *darshana*; er hat drei Richtungen: 1. *Advaita Vedânta* (Nicht-Dualismus), begründet von Shankarâcârya,

2. *Vishishtâdvaita* (gemilderter oder qualifizierter Monismus), begründet von Râmânuja, 3. *Dvaita Vedânta* (Dualismus), begründet von Madhva.

vidyâ (f) | Die Erkenntnis Der Wirklichkeit.

Vivarta Vâda (m) | Die Lehre der scheinbaren Modifikation Des *Brahman* in der *mâyâ* und in der Welt, welche die *mâyâ* projiziert.

yoga (m) | Vereinigung, Wiedereingliederung, vollständige Verschmelzung; die Wiedereingliederung des Individuellen ins Universale; er bezeichnet auch die entsprechenden Mittel oder die *sâdhanâ*, um die Vereinigung mit Dem Göttlichen zu verwirklichen.

Yogin (m) | Derjenige, der den *yoga* praktiziert.

Anmerkungen

1 Mäeutik, gr. *maieutike (techne)*, die Hebammenkunst, von Sokrates nach Platon gebrauchtes Verfahren, im Gespräch andere zu Erkenntnissen zu führen, so daß sie diese aus sich selbst heraus gewinnen und Sokrates nur den Dienst der Entbindung, des Ans-Licht-Bringens geleistet hat (Sokratik). Nach M. Landmann, *Elenktik und Mäeutik* (1950) aus dem Wörterbuch der philosophischen Begriffe, Felix Meiner Verlag, Hamburg 1955.

2 Für Raphael ist der »Feuerweg« jener »Weg« , der die Eigene Essenz enthüllt. Jeder spirituell Strebende, welchem Überlieferten Zweig er auch angehören mag, durchläuft seinen persönlichen »Feuerweg«, der erfahren, gelebt und verwirklicht werden muß. Eine komplette Darlegung des »Feuerwegs« mit seinen alchimistischen, ästhetischen und metaphysischen Aspekten siehe Raphael, *La Triplice Via del Fuoco*, Rom.

3 Siehe Patañjali, *La Via Regale della Realizzazione (Yogadarshana)*, Übersetzung aus dem Sanskrit und Kommentar von Raphael, Rom.

4 siehe Shankara, *Vivecûdâmani (Il Gran Gioiello della Discriminazione)*, Übersetzung aus dem Sanskrit und Kommentar von Raphael, Rom, und *Drigdrishyaviveka (Disriminazione tra Se e Non-Se)*, Übersetzung aus dem Sanskrit und Kommentar von Raphael, Rom.

5 Siehe Raphael, *Tat Tvam Asi – Tu Sei Quello*, Rom.

6 Siehe Raphael, *Di là dal dubbio*, Rom, Kapitel »Vita vibrante«.

7 Max Planck, *Wissenschaftliche Autobiographie*, S. 249ff. (Der Kursivdruck stammt von uns.)

8 siehe Raphael, *Tat tvam asi*, Rom, Kapitel »Che cosa intendiamo per realtà« und *Mândûkya Upanishad* mit den *kârikâ* von Gaudapâda und

dem Kommentar von Shankara, aus dem Sanskrit übersetzt und kommentiert von Raphael, Rom.

9 siehe Raphael, *Iniziazione alla Filosofia di Platone*, Rom, Kapitel »L'ascesi platonica«.

10 siehe Raphael, *Tat tvam asi*, Rom, Kapitel »Evoluzionismo«.

11 Siehe Shankara, *Vivekacûdâmani (Il Gran Gioiello della Discriminazione)*, Übersetzung aus dem Sanskrit und Kommentar von Raphael, Rom.

12 Bezüglich des *jîvanmukta* siehe Shankara, *Jîvanmuktânandaharî (L'oceano di beatitudine del liberato in vita)* in Shankaras *Opere Minori* Band II, Übersetzung aus dem Sanskrit und Kommentar der Kevala-Gruppe, Rom.

13 siehe Raphael, *Il Sentiero della Non-dualità*, Rom, insbesondere das Kapitel »Advaita Vedânta«.

14 *noumenon*: Nach Platon das mit dem Geist (*nous*) zu Erkennende im Unterschied zu dem mit den Augen zu sehenden, der Erscheinung. Johannes Hoffmeister, *Wörterbuch der philosophischen Begriffe*, Hamburg.

15 siehe bei Shankara, *Vivekacûdâmani (Il Gran Gioiello della Discriminazione)*, das Kapitel »Il mistero della mâyâ-apparenza« , und *Drigdrishyaviveka (Discriminazione tra Se e Non-Se)*, beide aus dem Sanskrit übersetzt und kommentiert von Raphael, Rom.

16 siehe Raphael, *Il Sentiero della Non-dualità*, Rom; und *Bhagavad Gîtâ*, aus dem Sanskrit übersetzt und kommentiert von Raphael, Rom, Kapitel 13.

17 siehe *Drigdrishyaviveka*, aus dem Sanskrit übersetzt und kommentiert von Raphael, Rom.

18 siehe *Bhagavad Gîta*, aus dem Sanskrit übersetzt und kommentiert von Raphael, Rom, Kapitel 12, und Raphael, *Essenza e Scopo dello Yoga*, Rom.

19 siehe Raphael, *Il Sentiero della Non-dualità*, Rom, das Kapitel »Le siddhi«.

20 siehe Rapahel, *La Filosofia dell'Essere*, Rom, das Kapitel »Arte tradizionale«.

21 Ferner muß betont werden, daß mit dem wortwörtlichen Ausdruck, »eine Wirklichkeit erschaffen, die vorher nicht existiert hat«, im ontologischen Sinn und nicht dem der inneren Erfahrung das Problem

auftauchen würde, mit dem »Zuerst« und »Dann« die Zeit in die metaphysische Wirklichkeit einzuführen, während die Zeit – zumindest so, wie sie üblicherweise verstanden wird – ein nur auf den Körper bezogener Zustand ist.« (*Introduzione alla Magia*, Band III, Rom)

22 Emanation = »Ausfluß« , Ausstrahlung
23 Manen = Totengeister

INHALT

Suzanne Segal

Suzanne Segal wurde 1955 in Chicago, USA, geboren. Ihr spirituelles Interesse führte sie zur Transzendentalen Meditation (TM). Sie absolvierte die Ausbildung zur TM-Lehrerin, verließ jedoch vier Jahre später die Organisation und begann ein Studium der englischen Literatur.

1980 zog sie nach Paris, wo sie noch im selben Jahr heiratete. 1982 wurde Suzanne schwanger. Im dritten Monat holte sie ihre spirituelle Vergangenheit ein! Sie erlebte plötzlich am hellen Tag, mitten in Paris, die Auflösung ihres persönlichen Selbst.

Erst 1991 wagte sich Suzanne mit ihren Erfahrungen an die Öffentlichkeit, immer mehr Interessierte besuchten ihre Vorträge.

1996 erschien ihr Werk „Kollision mit der Unendlichkeit". Ein Bestseller! Ein Jahr später die Diagnose Krebs. Am 2. April dieses Jahres hat sie die Erde verlassen.

Jemand zu Hause?

In Abwesenheit des persönlichen Selbst

Suzanne Segal ist tot!

Ihr Leben war bestimmt von einer Erfahrung, die nur wenigen Menschen unseres Kulturkreises zugänglich ist: der Erleuchtung! Außerordentliche Wahrnehmungen und eine dramatische Serie therapeutischer Mißerfolge (die wohl letztlich für ihren frühen Tod verantwortlich sind), prägen dieses Buch – einer, so Segal selbst, „Erzählung ohne Autor".

Das Ungewöhnliche an diesem Buch: Eine promovierte Psychotherapeutin beschreibt den Verlust ihres persönlichen Selbst, ein Ereignis, das in östlichen Traditionen als Erleuchtung und erklärtes Lebensziel, im Westen jedoch als schwere psychische Erkrankung angesehen wird.

Jede Theorie, jede Behandlungsform in der westlichen Psychologie basiert auf dem Grundgedanken eines individuellen Selbst. Die Existenz dieses Selbst ist eine solch grundlegende Annahme, daß sie niemals in Frage gestellt wird. – Suzanne Segal lebte vierzehn Jahre ohne das Funktionieren eines persönlichen Selbst. Sie stellte Fragen. – Wohin gehen wir, nach der völligen Auflösung unseres Selbst? Die Auflösung, die Angstzustände danach, die Mißerfolge westlicher Therapieansätze und die befreiende Anerkennung durch spirituelle Lehrer des Ostens, das alles macht Suzanne Segal zum Inhalt ihres Buches.

Es geschah an einem Frühlingstag, mitten in Paris und es folgten Jahre der Angst, den Verstand zu verlieren! Segal schreibt

aus der Perspektive der Erleuchteten, analysiert rückblickend, was geschah.

Therapeuten diagnostizierten Depersonalisierung, Borderline oder Psychosen. Hilfe fand sie dann beim Dalai Lama selbst. Dieser schrieb: "Selbst-losigkeit (Nicht-Selbst) hat nichts damit zu tun, daß etwas, was in der Vergangenheit existierte, zu existieren aufhört. Vielmehr hat ein solches SELBST niemals existiert." Und Suzanne verstand: "Was übrig bleibt, wenn es kein Selbst gibt, ist alles, was es gibt."

Suzanne Segal

Kollision mit der Unendlichkeit
Ein Leben jenseits des persönlichen Selbst

220 S., Qualitätsbroschur,
ISBN 3-926257-30-X
34,80 DM, 32,50 sFr, 254 öS

Christa Phillips

Visionen für das Menschsein

Sich den eigenen Fragen kompromißlos stellen: Viele Anregungen dazu finden aufmerksam Suchende in Christa Phillips' Werk. Persönliche Erlebnisse der Autorin und ihre spirituelle Erfahrungen zeigen auf, was ist und was war. Den Leser führen sie zur Essenz.

Christa Phillips wurde 1942 in Deutschland geboren. Seit acht Jahren lebt sie an der Südostküste der Vereinigten Staaten, von wo aus sie durch Visionen und Erkenntnisse ihren Beitrag zum spirituellen Erwachen der Menschheit leistet.

Sie lehrt (in Europa und den USA) sowohl im gemeinschaftlichen Zusammenleben als auch in Retreats, wie wichtig es ist, die Suche im Außen aufzugeben, und im Gedenken an Jesus das Leben von Herzen anzunehmen.

Gütige Offenbarungen nennt Christa Phillips Visionen und Belehrungen, die sie von der geistigen Welt erhielt und noch erhält. Ihre Visionen haben Bewußtwerdung zum Ziel. Sie machen auf Mißverständnisse aufmerksam und heilen damit verbundene Gefühle. Schmerzhafte Prozesse hat die Autorin durchwandert, schmerzhafte Erfahrungen warten auf ihre Schüler selbst, denn das Eingeständnis der nackten Wahrheit führt unweigerlich zum körperlichen und geistigen Zusammenbruch. Auch Christa Phillips verlor die Orientierung, und es dauerte eine Weile, bis sie für sich erkannte, „...daß dies die Voraussetzung für einen Neuanfang war."

– Sie fing neu an.

In sehr persönlichen Worten legt die Autorin ihre Geschichte und Visionen dar. Es geht ihr nicht darum, zu belehren. Sie will aufzeigen, was ist und was war. Gezielte Fragen an den Leser vertiefen die Auseinandersetzung mit dieser oder jener Vision.

So folgte ihrem Traum von „den drei Punkten" die Erkenntnis: „Übe Dich in Kooperation!" Kooperation ist nicht Kompromiß. – „Der Kompromiß ist halbes Leben... Halbes Leben ist kein Leben. Kompromiß ist daher Tod..." – Nur: „Was tust du, wenn der andere nicht einbezogen werden möchte?" – ein Beispiel zu Christa Phillips' Visionen und Fragen zur Kontemplation.

Christa Phillips

Gütige Offenbarungen

280 S., Qualitätsbroschur,
ISBN 3-926257-33-4
34,80 DM, 32,50 sFr, 254 öS

NEU Erscheinung

context VERLAG

Sri Nisargadatta Maharaj

Als Sohn indischer Kleinbauern erblickte Sri Nisargadatta Maharaj 1897 das Licht der Welt. Schon als Kind wiesen ihn zahlreiche Freunde und Bekannte auf den spirituellen Weg.

Im Alter von 34 Jahren begegnete er seinem Guru. Wenige Jahre nach diesem Zusammentreffen hatte sich Nisargadatta selbstverwirklicht.

Er beendete sein altes Leben und machte sich auf die Suche... bis er erkannte, daß es „nichts zu suchen und nichts zu finden" gab. Er kehrte zu Frau, drei Töchtern und Sohn zurück und gab Unterweisungen einer wachsenden Zahl von Suchenden aus der ganzen Welt.

Sri Nisargadatta Maharaj starb am 8. September 1981.

Selbstfindung

Gespräche mit einem Verwirklichten

Der indische Guru Sri Nisargadatta Maharaj gilt als einer der bedeutendsten spirituellen Lehrer unserer Zeit. Seine Lebensphilosophie offenbart sich in den Dialogen von "Ich bin". Drei Schriftbände machen die Worte des aufgestiegenen Meisters unvergeßlich. Teil II liegt nun in deutschsprachiger Ausgabe vor.

„Erkennen Sie Ihre Welt als einen Traum und vergessen Sie sie!" – Klar, direkt und kompromißlos, das war Sri Nisargadatta Maharaj als spiritueller Lehrer. In aufgezeichneten Gesprächen legt der indische Guru das menschliche Bedürfnis, alles definieren zu wollen, bloß. Es gibt keine Ursachen und keine Gründe. „Es gibt nur das Bewußtsein, in dem alles geschieht." – So lautet die Quintessenz der Lehre von der Non-Dualität / Advaita, der Lehre von Meister Maharaj.

„ICH BIN II. Teil" gibt Denkanstöße zur Selbstfindung und fordert: Werden Sie sich Ihres natürlichen Zustandes bewußt!

Erkennen Sie, wie Sie funktionieren, widmen Sie Ihre Aufmerksamkeit dem WAHREN SELBST, denn „der wahre Suchende ist der, der auf der Suche nach sich selbst ist. Geben Sie alle Fragen auf, außer der einen: WER BIN ICH?"

Um zu wissen, wer man ist, muß man zunächst wissen, wer man nicht ist: Körper, Gefühle, Gedanken, Zeit und Raum. In Dialogform führt Sri Nisargadatta Maharaj seine Schüler an das Ziel der Erkenntnisreise heran.

Sri Nisargadatta Maharaj
ICH BIN II. Teil

270 S., Hardcover, gebunden, Fadenheftung
ISBN 3-926257-31-8
44,– DM, 41,– sFr, 320 öS

NEU Erscheinung

Titel der Originalausgabe:
Raphael, Alle Fonti Della Vita –
Domande e riposte sull'ultima Realtà
© 1979/1995 Edizioni Asram Vidya, Rom
ISBN 88-85405-05-3

Deutsche Ausgabe – 1. Auflage Juli 1997
© Uta Bodewig & Joachim Kamphausen GbR,
Context Verlag, Postfach 10 08 50, D-33508 Bielefeld
Tel. 0521/6 71 79, Fax 0521/6 87 71

Übersetzung
Gruppo Kevala
Lektorat
Hinrich Schaer
Typographie, Satz & Herstellung
. Schack Verlagsherstellung (Ulrike Vater)
Umschlag-Gestaltung
Angelika Trümper & Wilfried Klei
Druck & Verarbeitung
Kösel, Kempten

Die Deutsche Bibliothek – CIP-Einheitsaufnahme

Raphael : Die Quellen des Lebens :
Fragen und Antworten auf dem Weg
zu ewiger Glückseligkeit / Raphael
[Übers.: Gruppo Kevala]. -
1. Aufl. - Bielefeld : Context Verl., 1997
Einheitssacht.: Alle fonti della vita <dt.>

ISBN 3-926257-32-6